親鸞の往生と回向の思想

—道としての往生と表現としての回向—

長谷正當
Hase Shoto

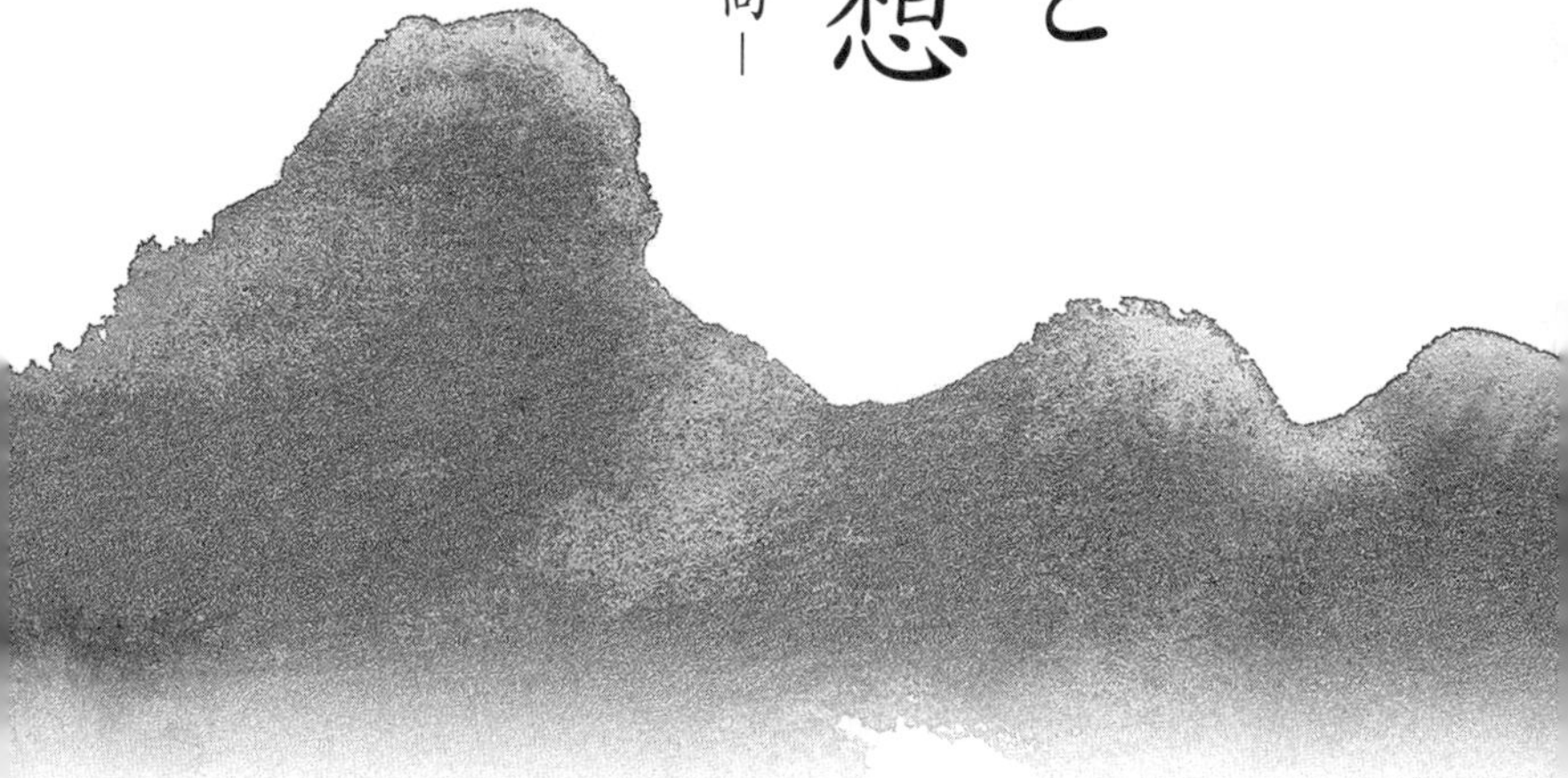

Octave
方丈堂出版

親鸞の往生と回向の思想

——道としての往生と表現としての回向——

目次

はじめに

本書には前著『本願とは何か―親鸞の捉えた仏教―』（法藏館、二〇一五年）以後に書いたものや話したものが収められている。それらの内容に因んで『親鸞の往生と回向の思想』という書名を付した。しかし本書は、その書名から予想されるかもしれないような、親鸞の往生と回向の思想について概説したものではない。

往生と回向は親鸞の思想の根幹をなすものであるが、それがどのようなことをいうのか、根本のところがどこかはっきりせず曖昧のままとどまっている感があった。本書が企てるのは、親鸞の往生概念を拡大解釈して「道を歩むこと」と捉え、回向概念をその根源的意味に遡って「表現」と捉える曽我量深の思索をもとに、親鸞の往生と回向の思想の要となるところを明らかにすることである。そのような試みとして、本書は論というより試論（エセー）というべきものであるが、このような角度から親鸞の思想に接近することによって、親鸞の往生と回向の思想の核心をなすものが逆にはっきり透けて見えてくると思うのである。

浄土教において往生は伝統的に死後とされてきた。それは親鸞以前や親鸞の時代だけではない。死後往生の観念は土着化して殆ど習俗となり今日でも依然として人々を支配している。往生という言葉は死の代名詞として用いられているのである。そこに、昨今、往生は死後でなければならないという見解が改めて表明され、人々を指嗾していることの理由がある。しかし、そのような習俗となった往生の観念の内に親鸞の往生思想を引き込んで、親鸞は死後往生を説いたと主張するなら、それは親鸞の往生思想を歪んで捉えるものといわねばならないであろう。なぜなら、親鸞は当時強く人々を支配していた死後往生の観念を超えようとしたのであり、それまでの伝統的な往生思想は親鸞において深い変更を被っているからである。

親鸞の往生思想の核心は、親鸞の生涯にわたる信と思索の歩みを反省的に語った「三願転入」に求めるのが基本、もしくは本筋であろう。『教行信証』「化身土巻」において、親鸞は「ここをもって、愚禿釈の鸞、論主の解義を仰ぎ、宗師の勧化に依って久しく万行・諸善の仮門を出でて、永く双樹林下の往生を離る、善本・徳本の真門に回入して、ひとえに難思往生の心を発しき。しかるにいま特(まこと)に方便の真門を出でて、選択の願海に転入せり、速やかに難思往生の心を離れて、難思議往生を遂げんと欲う。果遂の誓い、良(まこと)に由あるかな」(『教行信証』「化身土巻」、『真宗聖典』、三五六頁)と語っている。ここで、親鸞は三つの往生を区別して、「双樹林下往生」を離れ、「難思往生」への回入を経て、「難思議往生」に転入したと語っている。それゆえ、親鸞の往生思想の核心をなすものは、「難思議往生」とは何か、そして、それが「双樹林下往生」と、どのように異なるのかを見ることを通して把握することが基本とされるのである。

親鸞が永久に離れたと語っている「双樹林下往生」は死後往生、もしくは臨終往生である。『観無量寿経』や『阿弥陀経』や『悲華経』で説かれている往生がそれである。一方、親鸞が「今、遂げようと欲する」と述べている「難思議往生」は「本願の信に立つ」ところに成立する往生であり、『大無量寿経』で説かれているものである。このことは周知の通りであって改めていうまでもない。しかし、いったいなぜ、親鸞は「双樹林下往生」を離れて「難思議往生」に転入せんと欲したのか。親鸞の往生思想の核心はそのことの究明を通してつかまれなければならない。

親鸞が「難思議往生」に転じたのは、端的にいって、親鸞その人生において直面した問題や苦悩は「臨終往生」によっては解決できない種類のものであったということである。死の苦悩は人間の痛切な苦悩であるが、唯一の苦悩ではない。死の苦悩の他に、釈尊が「四苦八苦」と捉えた生老病という自然的苦悩や、怨憎会苦・愛別離苦といった人と人との間で生じる社会的な苦悩がある。それは浄土仏教においては「三毒・五悪趣」などともいわれてきた。そのような苦悩の塊や山並みは死後に浄土に往生するという思想によっては完全に解決がつかないものであることを、親鸞は如実に見通した。往生をめぐる親鸞の思索はそこから始ったのである。では、それら総体としての苦悩を超える道はどこにあるのか。それは、それらの苦悩の内に入り込み、その根のところをつかみ、それを超出せしめるものでなければならない。親鸞はそれを「弥陀の本願の信」に見出した。親鸞が法然のもとで得たのは、自己を超えたところから自己の内奥に呼びかけ、自己を肯定し、支えるものがあるという確信であった。その確信を得ることによって親鸞は、死後往生を説く「双樹林下往生」においては得ることのできなかった深い安心と落ち着きを得た。そして、自己への執着を離れ、自己にとりついて自己そのものと化した苦悩を超出する道を見いだすことができた。こうして親鸞は「双樹林下往生」を「邪定聚」として離れ、本願に信の立つ「難思議往生」を「正定聚」として、これに転入したのである。

親鸞は自己の内奥に届く呼び声を如来の「回向」と捉えて、回向を浄土真宗の根幹に据えた。「双樹林下往生」が往生を死後に捉えざるをえなかったのは、そこでは如来の回向のはたらきがつかまれなかったからである。しかし、「難思議往生」が本願力回向によって成り立つと信知されたとき、往生は、本願によって与えられた往生の道を現生において歩むこと、つまり本願を生きることとなった。それは、信に始まり、現生を貫いて、その究極において、「臨終の一念に夕べ、大般涅槃を超証する」にいたる大道を歩むことになったのである。その往生の道の究極は、釈尊が入滅して証しされた「大般涅槃」に通入するものとなる。それゆえ、往生は「道に昇るに究極なし」とされ、「往き易くして人なし」と捉えられたのである。その大般涅槃を釈尊はまた『遊行経』において「捨命住寿」と語ったが、親鸞はそれを阿弥陀如来の無量のいのちに帰入することと捉え、その無量寿が本願となって衆生の世界に現れることを回向と感得して、それをその教えの根幹に据えたのである。本書が見ようとするのは、「回向」によって与えられた、大般涅槃への道を歩むこととしての「難思議往生」はどのようなものかということである。

本書において示された「道」としての往生理解を、親鸞は実際には表立って説いていないといわれるかもしれない。しかし、親鸞はそれを至るところで示している。表立って語っていないにしても暗黙のうちに示している。「顕」の意味ではなく、「隠密」の意義で語っているのである。その隠密の意義を取り出すことが親鸞の思想を理解することであり、教学の任務であると思う。

第一部　願往生心の基礎としての住むこと

住む場所をもつということ──拡張された往生の概念──

人間に本質的な欲求や願いは、それが無視され満たされないところでは、飢渇や苦悩や病となって外に現れてくる。このことは自然の理法ともいうべきものであって、それゆえ、苦悩や病は人間の真の欲求や願いを指し示す合図であるともいいうる。釈尊は「苦」を聖なる真実と呼んだが、それは、苦を見つめることを通して、苦を超える真理が心の深みに湧出してきて、それによって苦悩が溶解する「法」を釈尊は感得したからである。

現代の人間を責め苛んでいる苦悩は、地上に生きながら住む場所をもたないということであろう。現在、地球を覆っているテロや大量難民、さまざまな形で現れる環境破壊は、住む場所をもたないという人間の苦悩を証示している。しかし、住む場所をもたないという苦悩は現代にのみ固有なのではない。それはいつの時代においても人間を責め苛んできた根本の苦悩であった。仏教において、「衆生」と呼ばれたのはそのような、地上に根をもたず浮遊し、足掻《あが》いている存在のことであった。それゆえ、衆生としての人間は「蜎飛蠕動《けんぴねんどう》の類」と見なされてきたのである。そのことは、人間が地上に

「住む」とはどういうことかについて改めて深く思いを致すようせまってくる。浄土仏教が「往生」という言葉で考えてきたのは、人間が地上に住むとはどういうことかということであったといいうる。

住むとは、地上に居場所をもつということである。真に安住し、自らに立ち返り、根をもって生きる場所をもつというだけのことではない。そのことが成立するためには、地上に生きているということの上に、さらに「何か」が加わらなければならない。F・ヘルダーリンは「人間は地上に詩的に住まう」と歌い、また、S・ヴェイユは「民衆は詩をパンと同じように必要とする」と述べたが、そのとき彼らは「詩」という言葉で、地上にあって住み場所をもたない人間の苦悩と、その苦悩を乗り超えさせるものは「何か」ということに深く思いを致したのである。

この地上に住む場所をもたないという苦悩は、かつては、「浄土」に生まれたいという欲求となって現れた。その欲求を浄土仏教は、人間の真の、最も切実な要求と捉えて、「願往生心」と名づけた。浄土仏教の歴史は、その願往生心の正体を見極め、如何にしてそれを満足させ、成就に至らしめるかを探求することであったが、それは現代のわれわれに身近な言葉でいうなら、何処に、そして、如何にして真の住む場所を見いだすかということになろう。

ところで、その探求を通して自覚されてきたことは、ただ浄土という居心地のいい場所に生まれるだけでは人間の「願往生心」は真に満足されえず、自己の存在の限りない深みから届く「呼びかけ」を感得し、それに深く思いを致すことで初めて真に満たされるということであった。親鸞はその呼びかけを「本願」と捉え、それが「欲生心」（如来の呼び声）となって衆生の心の奥底に届くのを感得することで、衆生の根本の願い、つまり「願生心」は満足され、衆生は地上に足をつけて生きることができるようになることを自己の身上において証した。「本願成就」とは衆生の根本の欲求が透徹し、満足されることにほかならない。親鸞のその探求は、真の意味で「住む」ことが如何にして成立するかという問いであったともいいうる。親鸞が往生の問題を、ただ死後浄土に生まれるということだけではなく「正定聚に住する」ということ、つまり往生を、「願往生心」を成就し、満たすことと捉えたことの理由がそこにある。往生の問題はこの角度から問われなければならない。

願往生心の満足を「住む」ことを基にして追究することで自覚されてきたことは、繰り返すなら、「浄土」を単に快適で居心地のよい居住空間として、死後にそこに生まれようと欲することでは、住むという、人間の根本の欲求は真に満足されないということである。「浄土」が人間の住まう場所であるためには、それは本願によって包まれ、本願のはたらいている場所でなければならない。それゆえ、親鸞は、真の浄土を死後に生まれる閉鎖的な空間としての「化土」ではなく、本願のはたらく広大無辺の「報土」とし、そこへ生まれるのは死後ではなく、本願に深く思いを致す「信」においてであるとしたのである。竹内整一氏は、「住む」という言葉が「済む、澄む、住む」という意味を含んでいることに注目されている（竹内整一『やまと言葉で哲学する』、六七頁、春秋社）。そのことは、住むということは、人間が抱えている問題が解決し、心が落ち着き、清澄な心が得られることを条件とするということである。それゆえ、住むという問題は、どこにおいて、一切の問題が解決し、清澄な心が得られるかということと結びついて問われなければならない。先に、親鸞が、「浄土に生まれる」という往生の問題を「正定聚に住する」こととの結びつきにおいて追究したと述べたことの理由がそこにある。それゆえ、往生は死後の事柄ではなく、現生における問題として問われなければならないのである。

正定聚とは涅槃の証徳を得ると定まった人々のことであるが、そのことが成り立つのは、自己がその存在の全体において受け容れられ、肯定され、敬われているという確信があるところにおいてであろう。それは、住むことが真に確立するところである。それゆえ、真に住むことが成立する仏国土には正定聚のみあって邪定聚や不定聚はないといわれたのである。そのような正定聚としての有り様は、本願の信において成立する。つまり、本願に呼びかけられていることの確信において成立する。報土において、如来の本願に触れ、自己がそれによって肯定され、承認され、存立を得るがゆえに、自己は正定聚に住し、その究極において滅度に至りうるのである。

それゆえ、「往生」の問題において問われなければならないのは、往生は来世か現世かということではなく、如何なる浄土に生まれようと欲するのかということである。浄土が人間の真に住み得る場所であるのは、それがそこにおいて人間が本願に触れ、自己の真の要求が満たされる場所だからである。浄土を死後に待ち望まれる快適な居場所と想定して、そこに生まれることを往生とみなす思想は、浄土教の初期の往生思想に見られるものであって、親鸞の往生思想の核心からはずれたものといわねばならない。親鸞が問題にしたのは単なる願往生心ではない。その願往生心の内容の純化である。

親鸞が、真の浄土を「報土」と名づけて、仮の浄土としての「化土」から区別し、仮の浄土を去って真の浄土に生まれることを欲するよう説いたのは、化土に生まれた者は涅槃を証するに至らないからである。なぜなら、化土においては、人は本願に触れないがゆえに、そこにおいて自己の真の欲求や願いが満たされないからである。人が往生して成仏に至りうるのは、如来の本願に触れることによって、問題が解決し、心が澄むからである。それゆえ、往生の真の意義は、浄土において如来の本願に触れることにあることが忘れられてはならない。それゆえ、親鸞は「往生」を「正定聚に住する」ことと結びつけて捉え、正定聚に住することを「難思議往生」と呼んだのである。

したがって、親鸞の往生思想の核心は、親鸞が「化身土」において追究した「三願転入」の問題との結びつきにおいて捉えられなければならない。「三願転入」は、親鸞がその生涯にわたって追究した信と思索の歩みを反省的に振り返ったものであるが、その核心をなすものは、「邪定聚」としての「双樹林下往生」を離れて、「不定聚」としての「難思往生」を経て、「正定聚」としての「難思議往生」に転入することであった。

正定聚に住するという見地から往生を見るとき、「双樹林下往生」（邪定聚）と「難思議往生」（正定聚）との決定的な違いは、往生は、前者においては死後の事柄であるのに対して、後者においては往生が来世か現世かという問いそのものが超過され、無意味となるということである。なぜなら、往生が本願と無関係に求められるなら、当然のこととして往生は死後の来世のことでなければならないが、往生が本願に乗託するところに成立する事柄であるとき、関心の中心は本願に乗託するか否かであって、往生は死後か現世かは本質的な問いではなくなるからである。

「難思議往生」において注目しなければならないもう一つのより重要なことは、往生の眼目が本願に触れ、本願を生きることにあるとき、往生の概念そのものが変わってくるということである。往生の概念は、それの発生の時点では生天思想と結びついて死後とされていた。そこでは、往生は死後に生じる出来事として、言わば点的に捉えられていたといいうる（註、点的往生理解と線的往生理解という表現を安冨信哉氏はされている。『親鸞・信の教相』、一六〇頁、法藏館）。しかし、浄土教の往生の起源をなした生天思想と結びついた往生の観念をそのまま親鸞に当てはめ、そこから親鸞の往生思想を推定し、断定することは、親鸞の往生思想の正しい理解の仕方ではないと思う。親鸞の往生理解の核心は、本願に触れて報土に生まれることであったが、そこにおいて重要なことは、本願に触れて本願を生きることである。そこでは、往生は点的には捉えられず、道として捉えられてくる。往生が死後か現世かを問うところでは、往生はいわば点的な出来事として死後の事柄である。それが「双樹林下往生」である。しかし、「難思議往生」においては、往生は「点」ではなく、「道」として捉えられる。そこでは、往生は、信を得たときに始まり、その究極において成仏に至る道を歩むこととなる。そのとき、往生の道は現生を貫いて死後に至るものとなり、「信を獲た」ときと、「臨終の一念の夕べにおいて大般涅槃を超証する」ときとは、往生という一本の道において繋がってくるのである。そこに、「信を獲れば、即得往生」といわれるゆえんがある。親鸞は「難思議往生」をこのように捉えていた。死後往生説は、この往生の道を切断して、その終局だけに注目するものにすぎない。

周知のとおり、親鸞は『大無量寿経』の「本願成就文」の「彼の国に生ぜんと願ずれば、即得往生して不退転に住せん」という文に、『一念多念文意』その他において、文中の「即得往生」という語は「正定聚に定まること」であるという注釈を加えている。小谷信千代氏は、櫻部建師の見解に開眼を得たとして、親鸞が「即得往生」という語に「正定聚に定まること」というこの注釈を加えたのは、「即得往生」が異例で不完全な語であることに気づき、この語が現生往生を説いているかのごとき誤解を与えないようにするために、往生の意味を骨抜きにし、もしくは無意味化しようとしたからであると述べられた。氏は、親鸞のこの注釈の意味を還元的、否定的方向に解釈されたのである。しかし、両氏の解釈は、往生を前もって死後の事柄と捉える見方に強く規制されたところから生じたものであって、それが唯一の正しい解釈であると思い込んでおられるところに、その見解の一面性と独断性があるといわねばならない。

なぜなら、親鸞が「即得往生」に加えた注釈を別様に解釈することができるからであり、そして、その解釈のほうが、親鸞の往生理解により適っていると思われるからである。それは親鸞の往生概念を拡大解釈して、往生を点ではなく、道と捉えることである。そのとき、親鸞が加えた注釈は、小谷氏が主張されるように、即得往生という語を不適切として退けるためではなく、往生の概念を拡張し、再構成するためであると考えられてくる。つまり、往生の概念がそのうちに正定聚の概念を内包していること、あるいは往生と正定聚とが併走していることを明らかにするためであって、往生の概念を引っ込めて、これを正定聚という概念に取ってかえるためではないということが明らかになってくるのである。そこにおいて、従来の往生の概念は乗り超えられ、拡張されてくるのである。

往生の概念を拡張するとは、往生を点ではなく、道と捉えることである。すなわち、往生を、信を獲て如来の本願に触れたときに始まり、その究極において成仏に至る道を歩むことと捉えることである。そのとき、「往生」は「正定聚に住すること」と重なってくる。あるいは、正定聚は往生という道の特質を述べるものとなってくる。親鸞の往生思想をこのように理解しなければならない。往生を死後とする見方は、この道としての往生を切断し、その終局のみしか見ないものであり、部分的であるがゆえに抽象的であるといわねばならない。

拡張された往生の概念においては、現生と死後は往生という一本の道において繋がっている。そこでは、人は信を獲たときに往生の道を歩みはじめ、その究極において往生の素懐を遂げて大般涅槃を超証するに至るのである。「往生」がそのような意味をもつことを示すのが「正定聚」という言葉である。親鸞が「即得往生」に「正定聚に定まること」という注釈を加えたことの意味をこのように解釈しなければならない。そして、そのように解釈することが親鸞の真意に適っていると思う。

実際のところ、親鸞が往生を点ではなく道と捉えていたことは、和讃において、「安楽国に生まれるは畢竟成仏の道路にて、無上の方便なりければ、諸仏浄土をすすめけり」と詠っていることにうかがわれる。そしてまた、そのような道としての往生の概念は、『大無量寿経』下巻の三悪段の手前の、「必ず超絶して去って安養国に生ずれば、横さまに五悪趣を截り、悪趣自然に閉ず、道に昇るに極まりなし。往き易くして人なし。その国逆違せず、自然の牽くところなり」という言葉に示されている。

曽我量深は、このような道としての往生の理解は、往生という概念の拡大解釈だと述べているが、そのようにして拡張された往生概念が親鸞の往生理解の核心をなすものであると思う。親鸞にとって、往生の核心は本願を生きることにあったのであって、往生は現世か死後かということは周辺的・第二次的な問いであり、真に真面目な問いではなかった。小谷氏は、曽我をはじめとする近代教学は親鸞の往生論を誤解していると主張されているが、曽我に関していうならその批判は当たらないと思う。曽我はむしろ、親鸞の往生論のこれまで覆われていた核心を明らかにしたといわねばならないと思う。

「住むということ」から見た「詩と宗教」

住むこと、あるいは根をもつことは、地上における人間の基本的なあり方であり、また根本的な要求であるが、その有り様や要求に対して詩と宗教はどのように関わるのか。そのような観点から詩と宗教の意義を追究した哲学者、あるいは思想家としてマルチン・ハイデッガーとシモーヌ・ヴェイユを挙げることができる。彼らは、人間が地上に住むこと、あるいは根をもつことを成り立たしめるものとして、「詩」（宗教）が不可欠であることに深く思いを致した。もっとも、ここで取り上げた二人は全く異質な哲学者であり、彼らが追究した問題の多くは相互に無関係であるといわねばならない。しかし、彼らがその思索の根本においた「地上に住むこと」（ハイデッガー）、あるいは「根をもつこと」（ヴェイユ）という問題は、両者が見えないところで共通の関心をもち、同一の問題について思索をめぐらしていたことを示している。いったい彼らは如何なる意味で、「詩」（宗教）が、人間が地上に住まうための不可欠の条件と捉えたのか。ここではそのことを、宗教の根本問題として、より具体的には往生の根本問題として考察してみたい。

一、「根をもつこと」から見た詩と宗教―ヴェイユ―

1、根をもつことと詩

まず、ヴェイユから見ることにしたい。ヴェイユが追究した人間にとっての根本の問題は、「根をもつこと」に帰着するといいうる。根をもつとはどういうことか。そして、そのことはどのようにして成立するのか。論文「隷属的でない労働の第一条件」は、ヴェイユが『抑圧と自由』において追究した「自由な行為」の一般的条件を、工場での労働の経験を踏まえ、現実の生活の場で改めて考察したものであるが、そこでヴェイユは、「民衆は詩をパンと同じように必要としている」と述べている。人間は生きるためにはパンを欠くことはできないが、人間が地上で生きていくためには、パンと同じように、あるいはパン以上に詩を必要としているとヴェイユはいうのである。そのことは、人間が地上で生きていくためには、単に地上に居場所を占めるというだけではなく、そこに根をもつのでなければならず、そのためには「詩」がなければならないということである。ヴェイユはここで、詩という言葉で、人間において宗教のもつ位置について語っているともいいうる。

ヴェイユは次のように述べる。「根をもつこと、それはおそらく人間の魂のもっとも重要な要求であると同時に、もっとも無視されている欲求である。また、もっとも定義することの難しい欲求のひとつでもある。人間は、過去のある種の富や未来へのある種の予感を生き生きといだいて存続する集団に、自然なかたちで参与することで、根をもつ。自然なかたちでの参与とは、場所、出生、職業、人間関係を介しておのづと実現される参与を意味する。人間は複数の根をもつことを欲する。自分が自然なかたちでかかわる複数の環境（ミリュウ）を介して、道徳的・知的・霊的な生の全体性なるものを受け取りたいと欲するのである」（『根をもつこと』、冨原眞弓訳、岩波文庫、六四四頁）。

「根をもつ」ことは人間の魂のもっとも重要な要求であるが、しかし、それはまたもっとも無視されている欲求であるとヴェイユはいう。その理由は、根をもつということについて人は深く思いめぐらしてこなかったということであり、そのことは、人間が生きるとはどういうことかについて、その中核をなすものは何かを人は的確につかんでこなかったということである。

「根をもつ」ことが人間の根本の要求であるということは、人間が「人格」と称されるような、独立自尊で不壊な中核を具えた存在ではないということである。すなわち、人間は環境を超越してそれ自体において自足せる存在者ではなく、「環境」（ミリュウ）との関わりの中にあって、自らを保持しなければならない依他的存在であるということである。人間は人格であるどころか、「無名な質量」であり、「寒さにふるえ、避難所と熱を求めてかけまわる貧窮のうちにあるもの」（「同」、シモーヌ・

ヴェイユ著作集第二巻、四四八頁）だとヴェイユはいう。それゆえ、人間は「環境を介して、道徳的・知的・霊的な生の全体性なるものを受け取りたいと欲」し、環境に根づくことを欲するのである。人間の環境には「場所、出生、職業、人間関係」など多々あり、それらは地理的・社会的・霊的なものなど幾重にも層をなしていて、人間はそれらに自然的に参加することで生きている。人間はそれらの環境に根づくことによって、自らを形成し、その存在をもつのである。浄土仏教が「浄土」を重視したことの根本にはこのような人間把握がある。

ところで注意すべきことは、人間がその環境に根づくことができるのは、環境との関わりの中で「詩」が感得されることによってであるということである。それゆえ問われねばならないのは、環境と人間との関わりが如何なる「質」のものであるかということである。その関わりが人間の思考の自由を抑圧するものか、あるいは促進するものかが吟味されなければならないのである。この問いは、『自由と抑圧』以来、人間と社会との関わりを考察する際に、ヴェイユの関心の中心を占めるものであるが、その関心とは、人間は環境において如何にして「根をもつ」に至るのかということである。「民衆は詩をパンと同じように必要としている」という言葉は、この問いを追究してゆくなかで得られた洞察である。人間は環境との関わりの中で生きているが、そこで生きている複数の環境（ミリュウ）において「詩」が感得されることで初めて、人間はそこに「馴染み」、「安んじ」、「自由」となり、「根をもつ」ことができる。その様は、植物が大地から水分や養分を吸収することで根づき、成長することに似ている。その点で、人間もまた基本的には植物なのである。

人間を大地に「根づかせる」ものは詩であるということは、後に見るが、ハイデッガーが「住むこと」（Wohnen）を成立させるものを bauen と捉え、bauen の古語 buan に「建てる」ということと、「作物の世話をする」（pflegen）という二義があることに注目していることを思い起こさせる。つまり、Wohnen には「住むこと」と「根をもつこと」の二義があって、ハイデッガーが前者に注目するなら、ヴェイユは後者に注目しているといいうるのである。しかし、建てることであるにせよ、作物の世話をすることであるにせよ、詩は bauen するものであるということは両者において変わりはない。bauen とは、人間が大地に根づき住まうことを可能にするものとして「建てる」（bauen）ことであり、また「育む」（pflegen）ことなのである。こうして、詩は bauen するものとして、根源的には人間を「住みつかせる」（bewohnen lassen）ものであり、「根づかせる」ものなのである。

2、詩は行為のどの部分に関わるのか

「詩」が人間をして大地に根づかせるものであるなら、それは鈴木大拙が『日本的霊性』において、「霊性」という言葉に注目して言おうとしたことであるといいうる。大拙が「霊性」ということで示そうとするのはその「大地性」と「直接性」であるが、人間は大地を貫いて働いている霊性に身体に

おいて直かに触れることで、大地に根をおろして、安心して住まうことができる。そこに「詩」がある。ヴェイユが、「民衆は詩をパンと同じように必要とする」と述べることで示そうとしたのはそのことである。大拙は、日本的霊性は鎌倉時代に目覚めたという。しかし、霊性を鎌倉時代に限る必要はないし、また日本に限られない。それは時代や場所を越えて、人間に普遍的な事柄でなければならない。

実際のところ、大拙はヴェイユのこの言葉に感心して次のように述べている。「労働者にはパンも必要だし、バターも必要だろうが、それよりも詩が、英語でいうポエジィが必要だと、かう云つてをるのですね。わたしはこれはシモーヌ・ヴェイユのような人でなければ云へないかと思ふ」と。注目すべきことは、この言葉はヴェイユというやうな人でないと言えないと、大拙が述べていることである。それは、この言葉は、人はパンのみにて生きるものにはあらずというような単なるレトリックではなく、人間の本質についての直接的でより深い洞察が秘められていることを大拙が感得したからだと思う。「根をもつこと」は「もっとも無視されている欲求」であるが、「人間の魂のもっとも重要な要求」であることを、大拙は「霊性の大地性」という自らの思想を通して感得したのである。

序でに、ヴェイユについて語っている大拙の文を見ておきたい。ヴェイユが詩というのはポエジィのことだが、「それを、労働者が手を動かし、足を動かすといふところと関係づけて、そこにポエジィを見ることができたら、まあ、労働者は助かるですね。……これを日本にあてて考へてみると、俳句といふものがある。……俳句をやる人はそこに詩情を見て、十七文字にまとめることができるだらうと思ふですね。さうすると、大工さんがコンコンやつてをる、鉋《かんな》で削る、といふところに、十七文字の詩情がわけば、この普通の労働、この機械的な反復のほかに、いちいちの鉋の動き、鋸《のこぎり》の動きに、云ふに云はれぬ詩情、今のポエジィを感ずるとすると、これだけの仕事を何時間やつて、どれだけの給料をもらふんだといふ、交換条件を何も入れないでですね、ただ、かうやつてをることだけに妙を感じて、十七文字で表現することのできるものを、手足を動かす人が感じられたら、その労働の世界といふものはまつたく変はつてしまふだらうと思ふのです」(『鈴木大拙全集』第二十巻、四〇〜四一頁)。

重要なことは、表面では同じ労働でも、そこに「詩」があるかないかによって、「労働の世界が全く変わってしまう」ということである。このようにいうことで、大拙は生きることの根幹をなすものについて語っている。「根をもつ」とは、それまでとは生きる世界の質が変わってくること、根源的な意味で生きるということ、つまり「住まう」ことが成立することを意味するのである。

同じ行動でありながら、その内に詩を秘めているものとそうでないものとの間には差異の深淵が開かれていることを、ヴェイユは次の例で示している。「注意のむかう対象が思考の中身のすべてではない。はじめて身ごもったしあわせな若い女は産着を縫いながら、しかるべく縫うために注意を払う。それでも、おなかの子どものことは一瞬たりとも忘れはしない。この瞬間にも牢獄内の作業場のどこかで、同じように女性の徒刑囚がしかるべく縫うために注意を払っている。罰せられるのが怖いからだ。このふたりの女性は、同じ瞬間に、同じ作業をしていて、同じ技術的なむつかしさに専ら注意を向けていると想像できる。にもかかわらず、それぞれの作業のあいだには深淵のごとき差異が横たわっている。あらゆる社会問題は、労働者を二つの状況の一方から他方へと移行させることにある（訳文、一部変更）」（『根をもつこと』、冨原、岩波文庫、一三五頁）。

衣服を縫うということでは、表面上まったく同じ一つの行動を、二つの異なったものにしているのは、一方には詩があり、他方にはそれが欠如しているということである。だが、そこに詩が感じられるのは、直接注意が向けられることのない無意識の部分においてであるがゆえに、通常、その「差異の深淵」は生きられながら気づかれない。「根をもつ」ことが最も無視されている欲求であることの理由がそこにある。だが、その無意識の部分は経験の外にあるのではない。その部分もまた思考の領域に入り込み、暗黙のうちで知られ、生きられているのである。その部分は行為の目的や形式ではなく、動機をなしている部分である。行為において注目されなければならないのは、このような、行為の目的や形式の背後に隠された見えない動機である。道徳や倫理において一般に注目されるのは、表に現れた行為の目的や形式やその結果である。しかし、注目されなければならないのは、行為を生きたものあるいは死んだものにする、隠されていて見えない動機である。それに注意が向けられるとき、道徳や倫理の問題は宗教の問題となるのである。

3、生活の実体としての詩―宗教―

労働の場に詩がなければならないというとき、そこでいう詩は芸術の一ジャンルとしての詩、言葉の中に閉じ込められた詩のことではない。そのような詩は、それ自身、民衆にとって何の役にも立ちはしない。民衆が必要としているのは、「日々の生活の実体」が詩だということである。「そのような詩にはただ一つの源泉しかありえぬ。その源泉とは神である。そのような詩は宗教でしかありえない」（著作集第二巻「隷属的でない労働の第一条件」、一九七頁、山本顕一訳）とヴェイユはいう。

だが、如何にして民衆の日々の生活の内に詩や宗教を持ち込むのか。詩や宗教を民衆の生活の場に持ち込むには「仲介者」がなければならない。「神のことを考えよ、みずからの労働と苦悩を神に捧げよ、と彼らにむかって助言したところで、じつは彼らのためになにもしてやったことにならないのである。人々は祈るためにわざわざ教会にくる。ところが、人々の注意を神へと方向づけてくれるさまざまな仲介者がなければ、祈ることもできないのは明らかであろう。つまり教会の建築そのもの、それを満たしている聖像、典礼や祈禱の言葉、司祭の儀式の所作、そうしたものが仲介者なのである。それに注意をこらすことによって人々は神の方を向く」（「同」、一九八頁）。ところが、日々の生活費を稼ぐための労働の現場には、そのような仲介者はない。労働の困窮と苦悩の原因はそこにあるのである。すべてのものが思考を地上につなぎとめている中にあって、宗教画像をもちこんで、働いている人に眺めるよう提案するわけにゆかないし、また仕事をしながら祈りを唱えるように示唆するわけにもゆかない。彼らが注意を向けることのできる唯一の感覚的対象は物であり、道具類であり、自分たちの労働の所作でしかない。

ではどうするか。方策は一つしかない。それは労働の場において注意が向けられている対象そのものが神を映すものとなるということである。生活の必要や強制から視線を向けることを余儀なくされている諸事物が、直接見ることを妨げられているものを映しているとき、それらの感覚的諸事物は人間の思考を跳ね返さず、思考を吸収して、諸事物の彼方へ運ぶものとなる。つまり、事物は「仲介者」となり、「光を映す鏡」に転化されるのである。その転化は、それらの事物そのものの内に「反射の特性」が見いだされることにおいてのみ可能である。それは、「物のなかにはるか以前から書き込まれている象徴を読むこと」である。

ヴェイユがここで述べている「仲介者」とは、後に詳しく見るが、ハイデッガーが「四和合（四方界）」（Geviert）を内に映している「物」（Ding）と捉えたものでもある。ハイデッガーは、人間は、それが関わるDingの内に四方界を見るという。同じように、「人間の手によって建立された教会が象徴で充ちているのに、宇宙はぜんぜんそうでないとしたら、驚くべきことであろう。宇宙はどこまでも象徴にみたされている。それらを読みとらねばならないのだ」（「同」、一九九頁）。ハイデッガーは象徴とはいわない。しかし、「物」の内に秘められているこのような象徴を読みとることを、ハイデッガーは「詩作」(dichten)と捉え、その詩作のはたらきを「建てること」(bauen)と名づけた。

そのようにして、われわれが触れる地上のさまざまな物が映している超自然的なものを読み取ることを、ヴェイユは幾つかの具体的な例を挙げて説明している(例えば、実際に麦をまいている人は、もし望むなら、いかなる言葉の助けも借りず、自分自身の動作と、穀粒のうめられる光景をつうじて、福音書のなかに書かれている象徴に注意を向けることができる……等)。こうして、人間はそれに触れて生きている地上のメカニズムの上に超自然的メカニズムを読み取ることが可能となる。詩とは、われわれの触れる感覚的なもの、地上的なものにそれを超えたものが映っているのを読み取ることである。ハイデッガーは、地上のものがその内に天や神々や人間や大地といった四方界を映しているものを「物」と捉え、物の内にそのような反射の特性を読み取ることを「建てる、手入れする」(bauen)こととして、そのような bauer(大工、農夫)を「詩人」と名づけた。

このようにして、われわれが触れる地上の物の内に超自然的なものが映っているのを感得することで、世界の美が身体において感じられるようになる。そこにおいて、「労働の苦しみは、人間存在の中心に世界の美を浸透させる苦しみとなる」。こうして、ヴェイユは「労働の霊性によって基礎づけられた文明は、宇宙における人間の根付きの最高の段階であり、したがって、殆ど全面的根こぎともいうべき、われわれの現在の状態の対極にあるものである。かかる文明は、その本性上、われわれの苦悩に対応する憧憬である」(『同』、一一六頁)と述べる。求められる文明は、根こぎを克服し、「根をもつこと」を可能にするものでなければならない。そのためには、その文明は内に超自然的なもの、美を映しているのでなければならない。

二、住まうことと詩作―ハイデッガー―

1、世界内に存在する仕方としての「住まうこと」

ヴェイユが「根をもつこと」として追究した問題を、ハイデッガーは「住むこと」という角度から捉えている。ハイデッガーは中期の『存在と時間』においては、「現存在」を「世界内存在」として捉え、「住むこと」を世界内存在の一つの仕方と捉えていた。しかし、「住む」という概念はそこではまだ抽象的で漠然としていたといわねばならない。だが、後期に至って、自己の最も固有な可能性としての死が捉えられ、「住むこと」は「死すべきもの」が「地上」に滞留する仕方と捉え直されることによって、「住む」ことは具体性と歴史性を帯びて現れるに至った。「住むこと」は「現存在としての一般的人間の有り様」ではなく、「歴史的人間が大地の上に」生きる仕方として捉えられるようになった。つまり、住むとは、死すべき者としての人間が大地の上において、天空の下で、神々の訪れに触れつつ生きることと捉えられてきたのである。ここにおいて、住むことは空虚な概念ではなく、内実をもったものとして、ハイデッガーの思索の中心を占める概念となってきた。では、ハイデッガーは「住まう」ことをどのように捉えたのか。

先に見たように、ヴェイユは「根をもつこと」を人間の魂の根本の欲求でありながら、もっとも定義しがたく、無視される欲求であると述べていた。同じように、ハイデッガーも初期・中期において、「住むこと」を実存の一つの仕方と捉えながら、その内実を十分につかんでいなかった。しかし、それが死すべき人間の最も根源的な存在の仕方であると気づくに至って、「住むとはどういうことか、その本質を探し求め、住むことを学ばねばならない」(『ハイデッガーの建築論』、中村貴史訳、四六頁)と述べるに至ったのである。

いうまでもないが、住むとは家に住むことである。しかし、われわれは家を住むための容器とみなして、そこにおいて人間生活が営まれる部屋の配置くらいにしか考えていない。われわれは家を建てることと住むことを別々に切り離して、家を建ててから、そこに住むと考えている。だが、そこでは、住むということはその本質において捉えられていないとハイデッガーはいう。「あらかじめ、住まわしめるということに向かって調子をあわされ定められている場合にのみ、真実に建てる」(『ヘーベル・家の友』)ということがあるのであって、住むことを基にして建てることもありうるのである。したがって、建てることは住むことに帰属しているとハイデッガーはいう。

では、「住む」とはどういうことをいうのか。ハイデッガーは、「建てる」（bauen）という語の原義は「住む」（Wohnen）であるという。住むとは、「人間たちが、天空の下、地上において、誕生から死にいたるまで存在する仕方、滞留する仕方」（『ヘーベル・家の友』）である。では、滞留するとはどういうことか。それは家で忙しく動き回って生活することではない。「ただ生きるだけ、生存するというだけの単なる生」は住むことではない。「住む」（Wohnen）は古いゴート語では wunian であるが、wunian は「満足してある」（zufrieden sein）ということだといわれる。「満足してある」（zufrieden sein）とは、「zur Frieden gebracht, in ihm bleiben」（安らぎにもたらされ、そこにとどまること）ということである。Freie（安らぎ）とは Fry であり、危害や脅かしから守られているということである。したがって、「住む」とは、脅威から守られ、平安の内に睦まじく、いたわられてあることである。根本において「安心する」ということがあって滞留ということもありうるのである。

「住む」ことが「平和」や「和合」の内に留まることを意味するなら、「Wohnen」の根本の特徴（Grudzug）は「Schonen」（慈しみ、心づくし）ということになる、とハイデッガーはいう。人間は「慈しみ」（Schonen）がはたらいている場所において住むことができる。人間が住むとは、死すべきものが地上に滞留していることだということに深く思いを致すなら、「慈しみは住むことのすみずみにまで浸透している」（Er〈Schonen〉durchziet Wohnen in seiner ganzen Weite）ことに気づかれてくるとハイデッガーはいう。したがって、住むことは、その中心にはたらき、住むことを護っている「慈しみ」に思いを致すことでなければならない。

2、四和合と物

ところで、「住む」とは、死すべきものたちが大地の上に住むことである。しかし、そのことは死すべきものたちが天空の下において神々に面して、大地の上に住むということである。つまり、住むことにおいて人間、天、地、神々の四者が一つに取り集められ、映し合っているのである。そのことをハイデッガーは、「四和合」(Geviert)と名づける。四和合とは、死すべきものとしての人間が、天空と大地の間にあって、神々に面してあるということであり、したがって、住むとは、死すべきものがこの四者の「映し合い、響き合う」(Spiegel-Spiel)境域に入り込み、その各々をその本質において護り、その本質を全うさせることである。そうすることで、死すべきものは地上に落ち着いて、安らかに住むのである。

では、死すべきものを地上に住まわしめる四和合はどのようにして成立するのか。ハイデッガーはヘルダーリンの言葉を取り上げて、「詩作的に人間は地上に住む」という。つまり、この和合を成り立たしめるものを「詩作」と捉えるのである。したがって、詩作とは、死すべきものと天と地と神々の四者の和合を建て、その和合の内に死すべきものを住まわせることである。ハイデッガーはヘルダーリンの上記の言葉をこのように理解するのである。

ところで、死すべきものは、具体的にはどのようにして四和合の内に住むのか。実をいうと、死すべきものはこの四和合を自己自身において直接的・無媒介的に成立せしめるのではない。死すべきものは「物」との関わりにおいて、つまり、四和合を内に映している諸々の「物」(Ding) の傍らにあって、それらと関わることで、四和合を見、生きるのである。「物」(Ding) とは内に四和合を映しているものであるが、その物を介して死すべきものたちは大地に住まうのである。したがって、物は死すべきものたちが大地に住まうための「仲介者」なのである。

この四和合 (四者の Spiegel-Spiel のはたらき) を「諸々の物」の内にはたらき入らしめ、物において保持するのは詩人である。その詩人のはたらきをハイデッガーは「建てる」(bauen) という。物は、そのようにして四和合を自らの内に映すことによって初めて「物」になり、物はその本質において現れ出ることになる (das Ding dingt)。「詩作的に人間は地上に住む」と詠ったヘルダーリンの言葉を、ハイデッガーはこのように解した。人間は、詩人によって建てられた四和合をその内に映している「物」と関わりつつ、地上に住むと理解したのである。したがって、四和合は常に物との関係で語られていることが見逃されてはならない。諸々の事物の内に四和合を見ることで、それらを「物」にすることが詩作 (bauen) であるが、そのようにして、詩作は死すべきものを大地の上に住まわしめるのである。

ハイデッガーは、そのような四和合を内に映している「物」(Ding)の例として、「水差し」、「シュワルツワルトの農家」、「橋」などを挙げている。そこにおいて如何にして四和合が捉えられているかを見ておきたい。

「水差し」 水差しは単に水を注ぐ用具であるだけではない。水は源泉の泉を湛える岩である「大地」を宿し、天から大地に降り注ぐ雨の源である「天」を宿し、水によってその喉を潤し、ワインによって空からの陽光と土の養分を送り届け、それを飲んで陽気にする「人間」を宿し、その水が捧げられる「神々」を宿す。こうして、水差しは大地と天空と死すべきものたちと神的なものたちの四者を一まとめにして映し合う。そこにおいて水差しは「物」となる。

「シュワルツワルトの農家」 それは二百年前に農家の住まいとして建てられた。大地と天と神々と死すべきものたちを和合し、一まとめにして物の内に浸透させようとする切実な願い(Inst ndigkeit des Verm gens zu bauen)が、農家をここに建てた。その切実な思いは、農家を昼ごろの風から守られた傾斜地に、牧草地の間に、泉の近くに建てた。その思いは、農家に、程よい傾きで雪の重みを担い、深く垂れ下がって、長い冬の夜の嵐から内側の部屋を護っている広く突き出た柿葺きの屋根を与えた。

その思いは、家族が寄り添う食卓の奥に聖像を安置することを忘れなかった。……そのようにして、老いも若きも一つの屋根の下で年月を過ごす刻印が描き出される。

［橋］　橋は軽やかにまた力強く、水の流れを越えて差しかけられる。橋は、われわれの手前にある川岸と向こう岸を結びつける。橋を渡ることで初めて、川岸が川岸として際立ってくる。橋を通して川の向こう側が一つの切り離された岸辺となる。そして、橋によって此岸と彼岸が結びつけられる。川岸というのも、川筋に沿って陸地の輪郭を無差別に縁取るばかりではない。橋は、川の両岸を伴って、その背後にそれぞれ広がる風景を水の流れに結びつける。橋は流域の風景として大地を摂り集める。

橋は、水が流れゆくままにしつつ、同時に、死すべきものたちが土地から土地へと徒歩や車で行き来する道を与えている。人々はためらいながらもせわしくも橋のここかしこを渡り歩く。人間はそのようにして、川の向こう岸へ渡り、ついには、死すべきものとして、あの彼岸に至るのである。

3、詩作と「家の友」

以上が、一九五一年の講演『建てる・住まう・考える』における、ハイデッガーの詩作の了解のあらましである。そこでは、詩作とは、物の内に四和合を映し入れることであり、そうすることで、人間を物と関わりつつ地上に住まうようせしめるものとされた。そのようなものとして「詩作」(dichten)は「建てる」(bauen)ことなのである。詩作についてのハイデッガーのこの考えは、いろいろニュアンスの変遷があるものの、基本的に変わらない。

一九五六年の講演『ヘーベル・家の友』において、ハイデッガーは、「詩人」を、人間が住まうことを見守るものとして「家の友」と名づけ、家の友が詩作の本質をなすものだと述べている。家の友とは、「通常の意味では、別に何という用事もないのに度々たずねてきては話しこんでいく家庭の友人のことである。そういう友人は、家族ではないが、家族にとって、とくにその家庭の雰囲気にとって、場合によっては家族の一員よりもなくてはならない人物である」(辻村公一)。詩人は、そのような家の友として、人間をして家に住まうことを可能にし、住まうことを見張り、護るとハイデッガーはいう。

ここでは、ハイデッガーは「四和合」という言葉を用いていない。しかし、詩人が如何にして住まうことを護るかということに関して、それは、詩人は世界を「言葉」にもたらすことによってであると述べている。詩人は世界を言葉にもたらすこと、つまり詩作によって、死すべきものを大地に住まわしめ、人間と大地を救うのである。

ハイデッガーは、そこで詩人を「月」に譬えている。詩人の言葉は月の光である。「月はその柔和な光によってわたくしたちの夜ごとを照らし、人々が寝静まっているとき、夜を見守っている。月の投げかけるその柔和な光は、住むものとしての人間に委ねられた、人間に本質的なもの、眠っているうちにあまりにもやすやすと忘れ去ってしまう本質的なもの（平安、静けさ、慈しみ）を護っている（『ヘーベル・家の友』という。月は、家の友として、その柔和な光を投げかけることで、「人々が眠っている夜、一人目覚めて、その夜の静かな安らぎを護り、それを脅かしたり、乱したりするものがないよう見張っている」。詩人の言葉とはこの月の光にほかならない。月の光が住まうことを護るように、詩人の言葉は、人間が地上に住みうるよう、つまり、「安らぎ」の内にあるよう護っているのである。ハイデッガーが、「住まうことの隅々」にいたるまで「慈しみ」（Schonen）が浸透していると語ったのはこの意味である。詩人の言葉によって人間は慈しみのうちにもたらされ、住みうるのである。

詩人が月に譬えられることで注目すべきもう一つのことは、月は太陽の光を受け取って、それを和らげて地球に返すということ、つまり、太陽と地球とを仲介するということである。そのことは、詩人は神々の合図を受け取り、それを詩の言葉に包んで人間のもとにも送り届けるということである。詩人は、神々の直射を和らげ、言葉に変えることで、人間が住みうる世界を開くのである。こうして、詩人は神々と人間との仲介者として「半神」といわれるのである。

人間が存在する根源的な仕方、あるいは、人間のこの世における根源的要求を「住むこと」、あるいは、「根をもつこと」に捉えるとき、詩あるいは宗教は、その人間の有り様や要求を成就せしめるものとして「建てること」（bauen）と捉えられた。

その際、ヴェイユは「根をもつ」という要求は、人間の最も根源的要求にして、最も無視されている欲求だと述べていたこと、そしてハイデッガーは、「住むことの困窮」（Not des Wohnen）とは「住宅難」（Wohnungsnot）というようなことではなく、死すべきものたちが「住むということ」の本質を知らないことにあり、「故郷喪失」のうちにありながら、それを喪失と知らないことであると述べていたことに思いを致さねばならない。「根をもつ」とはどういうことか、「住まう」とはどういうことか、その本質（Wesen）をつかみ、それに深く思いを致すところに「思索」（denken）がある。その思索は、「根こぎ」や「故郷喪失」がそれとして切実に感じられるところで目覚めてくる。そして、その思索に目覚めることが、死すべきものたちを住むことへいたらしめる第一歩である。そのことをハイデッガーは、「故郷喪失」が「正しく考え抜かれ、良く保持されるならば、それは死すべきものたちを住まうこと（Wohnen）へと呼ぶところの唯一の「呼びかけ」（Zuspruch）となる」という。

こうして、「詩作」と「思索」は二方向から、死すべきものを「住まうこと」が可能になるように仕向ける。「詩作」は建てることによって住む場所を作る。一方、「思索」は、住まうことに思いを致し、事柄の内に退行して事態を照らし出すことによって、死すべきものを「住まうこと」へと誘う「呼びかけ」（Zuspruch）となる。こうして、詩作と思索は異なった二つの方向から死すべきものたちを住まうことへ向かわせるのである。そのことは、詩作は思索を介することによって初めて、死すべきものたちを真の意味で住まわせるものとなるということである。

三、仏教における「住むということ」

ところで、上に見てきた住むということを仏教はどのように思索してきたのであろうか。仏教はもともと無住、つまり出家をその基本においてきた。「家なきあり方」に立つことが仏教の原点をなすものであった。無住とは「苦に満ちた生死流転のこの世界から脱却し、あらゆる執着のもとを断ち切る」ことであった。それは「生死の家」、「火宅」を離れることであった。その意味で、出家は「目覚めた者」となる道を求めることであった。目覚めた者になることは「真の自己」としてこの世に生きることであったのである。

しかしながら、仏教において真の自己として生きることは単に家なきところに立つことであったのではない。出家するということは、根本的には真に住む場所、つまり「家郷」を得ることであった。家郷とは、西谷啓治によれば、「われわれをわれわれの存在の核心において支えるところのもの」である（『西谷啓治著作集』第十四巻、六〇頁）。真の自己としてこの世界に生きる場所が家郷である。臨済録の「家郷を離れて、途中にあらず。途中にあって家郷を離れず」という言葉は、真の家郷をどこに求めるべきかを示している。その意味で、無住とは、真の意味で住むことが成立する場としての家郷を得ることであったのである。

仏教が無住という形のもとで暗黙のうちで求めていた真の家郷を得ることを、真の住み場所を得ることとして自覚的・意識的に追究したのは浄土系仏教であろう。浄土仏教は真の家郷を「法性のみやこ」（親鸞）や「如来の家」（龍樹）、あるいは「浄土」（世親）として捉え、如来の家や浄土に生まれることを究極の悟りに至るための不可欠の通路としたのである。

浄土仏教は、真の家郷としての浄土に生まれることを「往生」と名づけた。では、衆生はどのようにして往生し、浄土や如来の家に生まれうるのか。浄土仏教はそれを、衆生が生きるこの地上において、超越者の「呼び声」を感得するところに捉えた。超越者の呼び声を自己の存在の底に感得して心に平和と落ち着きがもたらされることで、人間は大地の上に住むことが可能になるとして、そのことを「往生を得る」と名づけたのである。

浄土仏教はその超越者の呼び声を聞くことを「弥陀の本願の信」と捉え、その信の根源に「名号」を捉えたが、それは言い換えるなら、人間をして大地に住まうことを可能にするものとしてこれまで「詩」と名づけてきたものにほかならない。ハイデッガーは異なったコンテキストからであるが、この呼び声を「奥深い存在」（Seyn）からの「呼び求める促し」（Ereignis）（渡辺二郎）と捉え、人間はこの呼び求める促しに聴き従うことによって、大地に住まうことが可能となり、そして「死を能くすること」ができるようになるとした。死すべきものが大地の上に住むことが可能になるのは、大地がその隅々まで「慈しみ」(Schonen)によって浸透されることによってであるとハイデッガーは捉えた。親鸞はその「慈しみ」が「名号」となって衆生にはたらきかけることを「回向」と捉えて、回向をその思想の根幹に置いたが、親鸞が回向と捉えた事柄は、これまで述べてきたことからするなら、人間を大地に住むことを成り立たしめるものとしての bauen にほかならないといえよう。

武内義範は、「往生」とは「如来の家に生まれる」ことであり、またそこに到る「道」(pratipad)を歩むこと」であるという。そして、親鸞の『教行信証』「行巻」において「最も中心となっている問題が「如来の家」であり、行巻はこの如来の家を中心に展開してゆく」(『武内義範著作集』第一巻、三五三頁)という。それゆえ、「『教行信証』で書かれている筋道、言われている論旨を知るには、「行巻」の初の「龍樹の釈文」とか「世親の釈文」を注意深く読み取ることが必要である」(『同』、三五四頁)と述べている。では、それを注意深く読み取ることから何が見えてくるか。それは、龍樹が「如来の家」を成り立たしめているとした「般舟三昧」(仏立三昧)と「無生法忍」を、親鸞は一方を「名号」(諸仏咨嗟)に他方を「信」(至心信楽)に捉えることで、「如来の子」としての「信心の業識」が生れて、如来の家としての「真仏土」に至らしめられるとしたということである。ここでは、その細部に立ち入ることはできないが、親鸞の往生思想は、「住むこと」が如何にして成り立つかを主眼において追究してゆくことによって、その根本の意義がより深く、より身近かに見えてくるようになると思われる。そのことの究明は今後の課題としたい。

第二部　表現としての回向

西田幾多郎の見た親鸞──場所的論理と回向の思想──

「西田幾多郎の見た親鸞」というタイトルのもとで、西田は親鸞の思想をどのように理解したかをめぐってお話しさせていただきたいと思います。

西田哲学の中心をなすものはいうまでもなく「場所の論理」であります。そして親鸞の思想の中心に置かれているものは「回向の思想」であります。この二つは何の関係もないようですが、深く繋がっています。いったいどのように繋がっているか。それを見ようというのがここでの意図です。より明確には、西田の場所の論理が親鸞の回向の思想の理解にどのような光を投げかけるか、あるいは回向の思想のどのような側面を照らし出すか、そういうことをめぐってお話しさせていただきたいと思うのであります。

1、西田哲学と親鸞

まず西田と親鸞との関わりから述べたいと思います。西田哲学はこれまで、主として禅との関わりから見られてきたといえます。西田は若い時期に禅に打ち込み、高岡の国泰寺から金沢に移った雪門老師について参禅し、見性を得ています。また実際にも、西田哲学には禅の世界に非常に近いところが見られます。そういうことから、西田哲学の背後には禅があるとして、西田哲学は禅を哲学へと換骨奪胎したものともいわれてきました。

一方、真宗との関係についていうなら、西田のご母堂は熱心な真宗の信者であって、西田は浄土真宗の雰囲気が浸透した土地の中で育ち、親鸞の思想に深い馴染みと関心をもっていたことはよく知られています。ところが、西田が真宗について書いたものは非常に少ない。若い時期に「愚禿親鸞」という短いエッセイを書いたきり、最晩年の宗教論「場所的論理と宗教的世界観」に至るまで親鸞や真宗について何も書いていません。そういうことから、西田と浄土真宗との間には別に深い関わりはないというふうに見なされてきました。しかし、これは偏った見方であって、西田哲学の真の姿を捉えたものではないといわねばなりません。しかし、近年になって西田哲学と親鸞の思想との関わりに注目され、その関わりについて書かれた論文や著作も次第に多く見られるようになってきました。さらには、西田の最後の論文「場所的論理と宗教的世界観」は、西田自身の語るところによると、親鸞の思想の骨格をつかもうとしたものであり、西田の親鸞論、もしくは真宗論であるということが知られるようになりました。このように、禅一辺倒ではなく、親鸞の思想の内部にも深く入り込んでいると捉えるのが西田哲学のバランスのとれた理解であり、このことは西田哲学の全体像を知る上で大切であると思います。

では、西田が若い頃に「愚禿親鸞」という透徹したエッセイを書いたきり、最晩年になるまで親鸞や浄土真宗について何も書かなかったのはなぜか。これは当然生じてくる疑問であり、これは西田の場所論を理解する上でもよく考えてみなければならない問いであると思います。

西田が親鸞について何も書かなかったのは、親鸞の思想に対して無関心であったからではなく、実は親鸞の思想を表現しうるような論理をまだつかんでおらず、そのことを西田自身が自覚していたからであると思います。禅を表現する論理ならつかんでいた。「純粋経験」とか「主客未分」、「見るものなくして見る」とか「絶対無の場所」といった概念は、禅の「教外別伝」、「直指人心」、「不立文字」、「自他不二」、「見性成仏」などという言葉で示される事柄に近いものを彷彿させます。そういうわけで、西田哲学は禅を哲学に換骨奪胎したものだと見なされてきたわけであります。しかし、そういう「純粋経験」とか「自覚」、「場所」といった概念だけで親鸞の思想に切り込むわけにはゆかなかった。「阿弥陀如来」とか「法蔵菩薩」、あるいは「本願」とか「名号」、「回向」といった言葉で示される浄土真宗の世界観は、先に挙げたような概念では言い表すことはできなかった。そういう次第で、親鸞の思想は逆に、西田哲学の核心である「絶対無の開け」にまだ至っていないものだと見なされ、親鸞や浄土真宗の立場は絶対無の立場からすると、それ以前の有の立場、対象論理の名残りを示すものだというふうにも見なされてきたのであります。しかし、これが西田哲学の正しい理解でないことは言うまでもありません。西田自身は実は、浄土真宗的世界観を言い表しうるような論理を暗中模索していたのだといわねばなりません。そして、中期の「一般者の自覚的限定」から後期の「行為的直観」や「歴史的世界」へ至る思索を経て、最晩年の「場所的論理と宗教的世界観」になって、西田はようやくその論理をつかんだという確信に至りました。その確信は、「見るものなくして見る」として捉えられていた中期の「絶対無」の場所を、さらに歴史的世界における「表現」という見地から捉え直すことへ向かわせました。そのことによって、それまでどちらかというと「往相的」な観があった場所的論理の還相的側面に注意の目が向けられるようになり、親鸞の思想が射程内に入ってくるようになった。こうして、西田は友人や知人に次のように書いています。

私は今、生命といふものをかき終わり（これは「思想」に出る筈）今又数学の基礎理論を書いていますがこれがすんだら一つ浄土真宗の世界観といふものを書いてみたいとも思ひます（一九四五年一月六日、務台理作宛書簡）。

そういうわけで、西田の最晩年に至るまでの真宗や親鸞の思想に対する沈黙は、それに対して西田が無関心であったからではなく、真宗的世界観を表現しうるような論理をつかもうとする暗中模索を意味するのであって、西田にとっては忍耐であったのであります。では、西田が「場所的論理と宗教的世界観」でつかんだものは何か。それは端的にいえば、親鸞が浄土真宗の根幹に捉えた「回向の思想」を究明し、表現しうる論理であったといいうると思います。それはどういうことか。そのことをここでお話しさせていただきたいと思うのであります。

2、西田哲学と浄土真宗に共通する心情

本論に入る前に、西田哲学と浄土真宗をその根底で繋いでいるところのセンチメントというか心情があって、それがどういうものであるか見ておきたいと思います。哲学の出発点は一般に「驚き」であるとか「懐疑」であるといわれておりますが、ご承知のように、西田は哲学の動機は驚きではなくて、深い「人生の悲哀」でなければならないといっています。これは西田哲学の根本の性格を表すものとされていますが、なぜ西田は哲学の動機を悲哀と捉えたのか。そこには悲哀という感情に対する西田の深い洞察があるといわねばなりません。悲哀は、通常は外へと向かっているわれわれの眼差しを内に向けて、心の深みを見つめさせ、俺は誰か、あるいは、人間とは何かを問わしめます。このこ

とを西田は自己の経験から深くつかんでいた。西田哲学の根本を貫いているものは、そのような経験の深みへの眼差しです。その眼差しをうかがわせる西田の有名な歌があります。これもご承知のとおりと思いますが、

わが心深き底あり喜も憂の波もとどかじと思ふ

という歌です。人間の心の表面は雑音であふれていますが、その底には喜びも悲しみも届かないような限りない深みがあると西田はいっています。それは絶対無としてしかいいえない深みです。悲哀を通して、心の底を見つめると、そのような悲しみも喜びも届かないような深いところ、そこでは悲しみが悲しみでなくなるようなところが開かれてくる。これは仏教において「空」といわれてきたことに通じる。西谷先生は、空とは「底なし」ということだといわれています。白さが底なしに白い、悲しさが底なしに悲しい、それが空ということである。それゆえ、空とは、悲しさが悲しさ、白さが白さとして、悲しさや白さがそのリアリティにおいて現れてくるところです。しかも、悲しさが真に悲しさであるところでは、悲しさは悲しさであって悲しさでない。そこに空ということがある。人間の心の底には、そのような一切が空であるような限りない深さがある。西田が絶対無の場所ということで示そうとするのは、そういう底なしの空ということであります。したがって、絶対無の場所とは物

がその真のリアリティにおいて現れてくるところです。哲学の動機は悲哀でなければならないという西田の言葉は、西田が哲学の根幹に捉えたそのような絶対無に直結しているのであります。

悲哀において注目すべきことがもう一つあります。それは、悲しみは人の荒々しい心を打ち砕いて、人のこまやかな思い、深い人情に気づかせるということです。人情の対極をなすものは野蛮です。芭蕉は『笈の小文』において「像《かたち》花にあらざる時は夷狄にひとし。心花にあらざる時は鳥獣に類す」と述べておりますが、悲哀はそういう荒々しい心を打ち砕いて、心に花といわれるような繊細な思い、人の思いを感じ取る心を呼び覚ましてます。こうして、悲哀は野蛮を克服する力を秘めています。

西田は、「哲学とはいったいどんな学問か」と人から尋ねられて、「そうだな、まあ人情を研究する学問かな」と答えたということを大峯顯氏が語られています（大峯顯『生命環流』下三一八頁）。人情というと「浪花節だよおっかさん」といった調子のお涙頂戴といったセンチメンタルな感情のことをいうと考えられるかもしれません。勿論それも含んでいて大切なものでありますが、西田が人情というのは人の真心、誠のことです。真心は人間に最も直接的なものだから誰にもわかっているかというとそうではありません。人は、実は自分の真の心をつかんでいない。西田は心の底には喜びも悲しみも届かない深い淵があるといっておりますが、人は自分の心の深いところを通常そのようなつかんでいないし、また自分自身ではつかむことはできない。そういうわけで、人情を真に知っている人は少ないといわねばならないのであります。人情を徹底して知るならば、それは神や仏を知ることに通じます。逆に、神や仏を知ることは真の人情を知るということである。神や仏を知っているが、人情を知らないという人があるならば、その人は実は神や仏を知ってはいないといわねばなりません。その人は神や仏の名のもとで別のものをつかんでいるのです。神や仏を知るということは深い人情を知ることでなければなりません。西田が「哲学とは人情を研究する学問かな」といったのはそういうことだと思います。

「人情」ということで思い浮かぶのは、西田が友人の藤岡作太郎の書いた『国文学史講話序説』の「序」に寄せた、「我が子の死」というエッセイです。西田の死んだわが子に対する思いがつづられているこのエッセイは、西田が書いたもののうちで一番いいものだという人もいます。このエッセイの中で西田は次のように述べています。

人は死んだ者はいかにいつても還らぬから、諦めよ、忘れよといふ、しかしこれが親に取つては堪へがたき苦痛である。時は凡ての傷を癒すといふのは自然の恵みであつて、一方より見れば大切なことかも知らぬが、一方より見れば人間の不人情である。何とかして忘れたくない、何か記念を残してやりたい、せめて我一生だけは思い出してやりたいとふのが親の誠である（『国文学史講話序説』の「序」）。

西田はさらに死んだわが子を思うのは悲しいけれども、その悲しみには慰めがあるとも語っています。何とかして忘れたくないというのが親の人情であり、せめて我一生だけは思い出してやりたいというのが親の誠だと西田は語っていますが、その人情によって人は心の深いところで慰められる。実際、西田は友人に宛てた手紙の中で、わが子を亡くしたことによって「人情」というものがわかったと述べています。そういうわけで、心の深いところから湧き出てくる自分でも気がつかなかったような心の動きとして、人情は根本において宗教に繋がるところがあるといえます。西田は「場所的論理と宗教的世界観」のはじめのところで、「自己が一旦不幸にでも陥つた場合、自己の心の奥底から、所謂宗教心なるものが湧き上がるのを感ぜないものはないであろう」として、宗教は「心霊上の事実」だと述べています。

西田のいう「人情」に注目しますのは、浄土真宗において「本願」といわれておりますものは、実は心の深みに感得される人情であり、心の深みに湧出する「心霊上の事実」にほかならないからであります。本願は如来の心だといわれておりますが、それは同時に人間の心の最も深い欲求、願いでもあります。人間の真の願いは人間の心でありながら人間を超えていて、如来の心に繋がるところがあるのであります。そういう意味で、本願は人間の願いにして如来の願いである。本願を感得することが「信」であるといわれますが、信とは自分の心に「如来の心」が表れてくること、自分の心に如来の心が降りてくることであります。それゆえ、信によって人は救われるのであります。そういうわけで、哲学は人情を研究する学問だという西田の言葉には深い含蓄があって、西田哲学の最内奥に通入する道を示すものとして注目すべきものと思うのであります。かなり長くなりましたが、前置きはこれくらいにして、西田哲学の「場所的論理」と親鸞の「回向の思想」との関わりに立ち入って考察してみたいと思います。

3、場所的論理と浄土真宗

西田が浄土真宗をどのように捉えているかを示すキーワードを取り上げて考えてみたいと思います。西田は務台理作に宛てた手紙の中で次のように言っています。

ミダの呼声といふものが出て来ない浄土（真）宗的世界観は浄土真宗的世界観にはならないと思ひます。そんな世界では何処から仏の救済といふものが出てくるのでせう（一九四四年十二月二十一日、務台宛書簡）。

ここでは「回向」という言葉は出てきませんが、西田は「弥陀の呼び声」ということで、親鸞がその思想の根幹に捉えた「回向」のことを言っているといえます。ちなみに、西田がこの手紙を書いた時に実際に念頭に置いたのは田辺元（一八八五〜一九六二年）です。当時、田辺は『懺悔道としての哲学』を書いて、その中で親鸞について述べています。そこで田辺は、自己を懺悔して、古い自分が七花八裂になって砕けるところで、「絶対無」という他力に出会うと書いていますが、西田はこうした田辺の考え方を批判しています。田辺は懺悔することによって絶対無に触れると述べているけれども、懺悔に先立って弥陀の呼び声というものがなければならない。弥陀の呼び声に触れて初めて人は懺悔して救われるのであるが、田辺の立場には弥陀の呼び声に触れるということはないので、その懺悔は実は後悔にすぎないと西田は言うのであります。そのことは言い換えるなら、田辺には「回向」ということがないということです。回向とは弥陀の呼び声ですが、西田はそれは場所的論理によって初めて出てくると考えるのです。

では、場所的論理において初めて回向が出てくるとはどういうことか。ここで述べたいと思うのはそのことであります。いったい呼びかけというものは何か。呼びかけが人を救うと考えられるわけですが、それはなぜか。それは、そもそも人が生きているのは呼びかけられることによってであるからです。そのことについて述べた曽我量深（一八七五〜一九七一年）の言葉がありますので、少し長いのですが見ておきたいと思います。

呼びかけて救う。我々の教えには呼びかけがある。大体これは真宗の教えだけの特別なものと言うが、何ごとも本当の世界には呼びかけというものがある。人生には呼びかけがある。これがなければ人生は何もできぬものである。南無阿弥陀仏は人生の呼びかけである。この南無阿弥陀仏の呼びかけに遇うてはじめて我々に現在が成り立つ。春になれば田や畠から呼びかけられる。野に山に花が咲く。これはまったく時節到来してである。これ時なりである。……しかし、咲かぬ花は誰も見に行けぬ。……しかし一旦時節到来して花が開く、つまり呼びかけられると勇み立って競いでかける。自分の都合など言っておれぬ。これは催促されたからである。

これは何も遊ぶだけではないので働くこともみな催促である。我々の世界は催促がなければ何もできぬ。畠の野菜、田園の苗、皆我々に先立って我々を催促する。先手の呼び声である。この呼び声に遇うと、もうかまわずにはおれぬ。母親が子供を育てるのも一緒である。子が呼びかける、子が呼ぶともうかまわずにはおれぬ。忙しいとか、たとい病気であろうと眠たかろうと、自分の都合を忘れて、むしろ悦んで呼びかけに応ずる。呼びかけがないと我々はみな自分で行かねばならぬ。……そうでない。田圃に呼びかけられて、応えていそいそと出るのである。円満大行と言うが、それは大きな仕事とか、これ見よがしの仕事を言うのではない。心から満足して、その事一つでもう十分である。自分はどうなってもよい。それが円満大行というものである（『曽我量深講義集』第九巻、二〇九〜二一〇頁）。

こういうふうに人は呼びかけられることによって生きています。西田は呼びかけられることを「唆される」ともいっています。その呼びかけはどこから生じてくるのか。それは、われわれを取り巻いている環境から生じてくる。環境には自然環境だけではなく、社会環境もあります。社会環境とは歴史的世界のことです。人間は人と人としての関わりとしての社会環境のなかで呼びかけられ、肯定され、敬われることによって、つまり歴史的世界において「唆され」それに応ずることで生きているのであります。田辺哲学にはこうした向こうからの呼びかけがないというのが西田の直感です。絶対無に触れるところに基点を置いているという点において田辺と西田は同じですが、田辺哲学には向こうからの呼びかけがあるかというと、そこが希薄だといわねばならない。「物来って我を照らす」というところ、向こうからの先手の呼び声によって動かされるところ、「唆される」というところが田辺には少ないと西田はいうのです。私が如来を求めていくのではなく、私が求める以前に向こうから呼びかけてくる。如来は自分の心の底に現れて私に呼びかけてくるのでなければならない。

親鸞はこの呼びかけを「回向」と捉えました。親鸞は、如来が私の心の底に現れて呼びかけ、その呼びかけを私が感得するところに「信」を捉えて、この信を如来の回向と捉えたのであります。そして、信とは「如来の諸有の群生を招喚したまうの勅命」であると捉えました。肝心なのは向こうからの呼びかけ、先手の呼びかけである。仏の心がわれわれの心に現れて呼びかけてくることである。そのことを親鸞は回向と捉えたのであります。西田は、この弥陀の呼び声を的確に浮かび上がらせる論理を場所的論理に見いだしました。そこに立った西田は、仏の呼び声が聞かれないようなものは浄土真宗ではないと述べたのであります。西田は次のように述べます。

如何なる宗教にも、自己否定的努力を要せないものはない。一旦宗教的意識に目覚めたものは、何人も頭燃を救ふが如くでなければならない。但、その努力は如何なる立場に於て、如何なる方向に於てかである。神とか仏とか云ふものを対象的に何処までも達することのできない理想地に置いて、これによつて自己が否定的肯定的に努力すると云ふのでは、典型的な自力である。それは宗教と云ふものではない。そこには親鸞聖人の横超と云ふものはない。最も非真宗的である（『西田幾多郎全集』第十一巻、四一一〜四一二頁）。

この文章では西田は、はっきりと田辺を念頭に置いています。田辺は超越者を絶対無と捉えているのですから、神や仏を対象的に立てているとはいえません。しかし、西田は、田辺は神や仏にどこまでもこちらから近づいていこうとする仕方で宗教を捉えているとして、これを自力だというのです。それに対して西田が場所論的というのは、神とか仏が自分を否定して、衆生の世界に現れ、衆生に呼びかけてくるということで、他力の立場です。こちら、つまり衆生の方から如来に向かうのではなく、如来の方がわれわれ衆生に向かってはたらきかけてくるのです。衆生が如来をつかもうと思って追いかけていくかぎり、如来はどこまでも逃げていき、結局は追いつくことはできない。そうではなく、如来の方が衆生にやってきて、衆生に背後からぴったりくっついてくる。これが他力だというのです。そこでは、如来はどこかに逃げ去ってしまうのではなく、如来はやってきているのだけれども、衆生の方が逃げ回っているということになる。回向は衆生のはたらきでなく、如来のはたらきであって、如来は衆生を捕まえにわれわれの手元にやってきている。ただ、われわれはそれに気づかないだけなのだと、西田はいうのであります。

4、西田の場所的論理による宗教理解

このことに関して島谷俊三が語っている「西田先生に叱られた話」は印象深いので紹介しておきたいと思います。しかし、叱られたのは島谷ではなく西村見暁という人です。西村見暁氏は金沢大学の教育学部で教えられていた方で、また清沢満之ゆかりの崇信学舎という研究会の主幹をされていた方ですから、ご存じの方も多いと思います。暁烏が師と仰いでいた清沢満之に関して『清沢満之先生』という本を書いておられます。西村が島谷に連れていってくれと頼んだのか、あるいは島谷が連れていってやろうといったのかわかりませんが、とにかく西村は島谷に連れられてわざわざ鎌倉に西田を訪ねて叱られる羽目になった。西村は、清沢について研究していたので、おそらく清沢について何か

を質問したものと思われますが、そこで次のような問答が展開した。

「何のために研究するんだ」（西田）

「師匠暁烏先生の中心であられるからです」（西村）

（大声一番）「おまえはそんなことで学問をしているのか。清沢さんや暁烏君にへばりついてどうするんだ。なぜ、直接に如来にぶつからんか」（西田）

「師匠が如来です」（西村）

「いや違う。親鸞はそんなことを言っているが違う。親鸞はもっと如来と直接している」（西田）

「しかし、道元も……」（西村）

「いや道元は何といったって絶対に違う。貴様はなぜもっと直接に如来をみないのか。如来が貴様の首っ玉をつかんでいるのがわからんのか」（西田）

（喝）「どうじゃ、こりゃ、わからんか、如来に直談判をせよ。私のおまえにいうのはこの一言だ」（西田）

島谷はこの西田の見幕に肝をつぶして、このような会話の調子は私の今まで知らなかった先生の世界であると述べていますが、西田自身は後に日記において、「最近の暁烏君の考えには感心できないところがあると思っていたからであるが、少しきつく叱りすぎたので当人のためにならなかったかもしれない」とやや反省して、書いています。それはともかく、ここで西田が如来に直談判せよとか、如来が貴様の首っ玉をつかんでいるのがわからんのかということで西田が言わんとしているのは、直接経験とか純粋経験、主客未分ということ、つまり、如来と自己が自他不二であるというようなことではないと思います。そうではなく、如来を絶対者として自己の外に立てて、それに向かってこちらから近づいていくのではなしに、如来の方がわれわれに向かってやってきて、われわれの背後から捕まえていることに思いを至せということです。西村見暁氏のように、清沢先生や暁烏さんを前において絶対視するというような仕方で接するのは、如来を対象的に捉えようとするもので駄目だと言っているのです。西田が場所的論理で言おうとするのは、神とか仏というものを自己の外に対象的に立て、それに近づいていこうとするのとは逆に、神や仏の方が自らを否定してわれわれに形を変えて現れてくるということであります。

5、仏の呼び声と場所的論理

それは絶対が自らを否定して相対の世界に自らを映す（移す）ということです。浄土真宗の言葉でいいますと、如来が自らを否定して、形を変えて衆生の世界に現れ、衆生に呼びかけてくるということです。ここに宗教の場所論的把握の要があるのであります。それは絶対無が自己を限定して、有限で相対的な場所に自らを映すということです。見逃してならないのは、絶対者は絶対者としてではなく、自らを否定して相対となるという仕方で相対の世界に自らを表現するということです。親鸞が回向ということで示そうとするのはそのことであります。回向の根源にあるのは大悲心ですが、大悲心とは如来が自らを否定するということです。西田はこういうふうに言っております。

神は絶対の自己否定として、逆対応的に自己自身に対し、自己自身の中に絶対的自己否定を含むものなるがゆえに、自己自身によって有るものであり、絶対の無なるがゆえに絶対の有であるのである（『同』第十一巻、三九八頁）。

宗教の場所論的把握というのは、絶対が自己を否定し自己を翻して限定された場所、つまり、相対界に現れ、相対を通して自己を表現するということですが、それは超越が内在となることであり、神や仏が、超絶的な天空ではなく、われわれ衆生の住む大地に姿を変えて現れるということです。そのことは真宗の言葉でいえば、絶対無ともいうべき法性法身が、自らを否定して、相対無ともいうべき方便法身、すなわち阿弥陀如来となることであり、さらには、阿弥陀仏が自らを否定して法蔵菩薩あるいは本願となって衆生の宿業の世界に身を翻して現れるということです。如来が自らを否定し、転ずるというところに、如来が大悲心であるゆえんがあります。そのことを西田は次のように言っています。

絶対は何処までも自己否定に於て自己を有つ。何処までも相対的に、自己自身を翻へす所に、真の絶対があるのである。真の全体的一は真の個物的多に於て自己自身を有つのである。神は何処までも自己否定的にこの世界に於てあるのである。此の意味に於て、神は何処までも内在的である。故に、神はこの世界に於て、何処にもないと共に何処にもあらざる所なしと云ふことができる。……私は此にも大燈国師の億劫相別、而須臾不離、尽日相対、而刹那不対（おくごうあいわかれてしゅゆもはなれず、じんじつあいたいしてせつなもたいせず）といふ語を思い起こすのである。単に超越的に自己満足的なる神は真の神ではなかろう。一面に又何処までもケノシス的（自己を否定し、自己を空しくするということ）でなければならない。何処までも超越的なると共に何処までも内在的、何処までも内在的なると共に何処までも超越的なる神こそ、真に弁証法的なる神であろう。真の絶対と云ふことができる。神は愛から世界を創造したと云ふが、神の絶対愛とは、神の絶対的自己否定として神に本質的なものでなければならない。opus ad extra（外へ向かったはたらき）ではない。私の云ふ所は、神は万有神教ではなくして、寧、万有在神論（Panentheis-mus）とも云ふべきであらう。併し私は何処までも対象論理的に考へるのではない（『同』、三九八頁)。

このように見ますと、西田の場所論的宗教把握の要がどこにあるかがはっきりしてきます。繰り返すことになりますが、それは絶対者の自己否定ということです。西田は、絶対者は自己否定を含むことによって絶対者であると言います。それは、如来が大悲であるということです。

主語的超越的に君主的 Dominius なる神は創造神ではない。創造神は自己自身の中に否定を含んでゐなければならない。然らざれば、それは恣意的な神たるに過ぎない(『同』、四〇〇頁)。

次のようにも言っています。

我々の個的自己、人格的自己の成立の根底には、絶対者の自己否定と云ふものがなければならない。真の絶対者とは単に自己自身の対を絶するものではない。何処までも自己自身の中に自己否定を含み、絶対的自己否定に対することによつて、絶対の否定即肯定的に自己自身を限定するのである。かゝる絶対者の自己否定に於て、我々の自己の世界、人間の世界が成立するのである。かかる絶対否定即肯定と云ふことが、神の創造と云ふことである。……絶対に対する相対と云ふことは、上にも云つた如く、単に不完全と云ふことではなくして、否定の意義を有つていなければならない（『同』、四〇九頁）。

抽象的な言葉でわかりにくいようですが、言わんとしていることは単純明快です。創造ということは、神が自己を拡張することではなしに、自己を否定して縮小することだということです。そのことは絶対者が自己否定を含み、自己否定を含むがゆえに絶対者だということです。この考えはシモーヌ・ヴェイユにも見ることができます。西田は、創造とは絶対者の自己否定であると言いますが、ヴェイユもまた創造をそのように捉えています。創造することは一般には、神が自己を顕示することであって、神の自己主張、自己拡張であると考えられています。つまり opus ad extra ということです。しかし、ヴェイユは、創造は神の自己主張や自己顕示ではなくて、逆に、その完全性、全一性を捨てることであり、そういう意味では、神の退位、つまり神が「神の座」を降りることだと言います。神は創造する以前は「一にして全」であった。それが創造することで不完全なものを生み出し、自らが不完全で絶対的なものでないことを露呈することになった。創造しなければ全一的で完全でありえたのに、創造して不完全なものを造ることによって、自らが相対的で不完全なものであることを暴露することになったわけです。それなら、創造しなければよかったのですが、創造しない神は神ではない。神が神であるためには、何としても創造しなければならない。そうであるなら、神が創造したということは、神が自ら不完全なものになることを引き受ける決意をしたということです。そこに神が愛であるゆえんがあります。神の愛とは、神が絶対者であることを止めること、神の退位であり、自己放棄であり、神の自己否定である。愛によって自己放棄するところに、創造があるのであります。創造するとはopus ad extra, つまり神の自己拡張ではなくて神の自己縮小である。神は自らを否定し、退くことと引き換えに、宇宙が存在するようになった。だから、神が不完全なものを造った責任を取るよう神に迫るわけにはゆかない。神が自分を顕示するために創造したのなら、不完全なものを造った神を咎めることができるのですが、神は創造することで自らを否定し、不完全なものが存在することを許し、それに存在の場を与えたのです。ここに弁神論をめぐる問題の解決があります。

繰り返すことになりますが、創造において注目されなければならないのは、神の自己主張ではなく神の自己否定です。神の権力ではなく神の愛です。そうすると、神に二つの顔、ないし二つの面があることになります。ひとつは「力の神」の顔であり、もうひとつは「愛の神」の顔です。力の神は自己主張する神であり、裁く神です。愛の神は自己否定する神であり、受容し、救済する神です。神のこの二つの顔のうち、これまではどちらかというと、力の顔が前面に出され、愛の神の顔はその背後に押しやられて隠され押し潰されてきたといわねばなりません。しかし、真の神は、この顔を潰されて背後に押しやられている神に捉えられなければならない。それが愛の神である。そういうわけで、西田は裁く神に慈悲の神が、超越的な神に内在的な神がとって代わらねばならないと述べています。

これと同じことが真宗の如来についてもいわれるわけです。

6、逆対応

宗教の場所論的把握とは、神を超絶的ではなく内在的に捉えることです。つまり、神は天空にあって、われわれの上に聳えているのではなく、その姿を変えてわれわれの生きる大地に現れると捉えることです。そこで注目すべきことは、絶対者と相対者の関係の有り様です。西田はその関係は場所論においては「逆対応」になると言います。絶対者と相対者、あるいは如来とわれわれとの関係が逆対応であるということは、絶対者や神がわれわれの正前ではなく、足元、あるいは背後に現れるということです。正面から向き合うのではなく、足元あるいは背後から現れるということです。正面から向き合うのが正対応なら、逆対応とは背中合わせ、あるいは表裏の関係です。西村見暁氏は西田から「如来が貴様の首っ玉をつかんでいるのがわからんのか」と大喝を食らったわけですが、そこで西田が言っているのは、如来とわれわれの関係は逆対応、つまり如来は背後からわれわれの首っ玉をつかんでいるということを知れということです。この関係を最もよく表すものとして西田がよく引き合いに出すのは、大燈国師の「億劫に相別れて須臾も離れず、尽日相対して刹那も対せず」という言葉です。つまり、限りなく離れているけれど、ちっとも離れていない。終日接しているけれど、全く接しない、という背中合わせの関係です。そのことは、神は至るところにあってどこにもいない、どこにもなくて至るところにあるということです。西田は、神とわれわれ、あるいは如来とわれわれとの関係はこのようになっていると考え、それを逆対応と言うのです。

場所的論理と逆対応とは不可分に結びついているのであって、逆対応を伴わない場所論や、場所論をふまえない逆対応の理解は、西田の場所論を正しく理解したものとはいえません。例えば、絶対者や如来は無であって、それを実体として捉えないことが西田の場所論だとする理解の仕方がありますが、西田自身はそうした見方は絶対者を八不的・否定神学的に捉えるもの、あるいは神性（Gottheit）として捉えるものであって不十分であり、自分の考えではないと注意しています。実体として捉えられないということのみを一方的に強調すること自体が、なお実体的な見方に囚われていることを示しているといえます。八不的・否定神学的にしか捉えられない絶対者がなお、相対の世界に形を変えてわれわれのもとに出現してくる、というのが絶対者の場所論的把握であって、そこでは絶対者とわれわれとの関係は逆対応となるのです。西田は、そのように絶対者が相対の世界に形を変えて現れることを「表現」と名づけています。

7、親鸞の回向の思想

「回向」とは実はそういう逆対応の関係なのであって、その関係の特色は、西田の場所的論理をふまえることではっきりしてくるといえます。西田は「仏の呼び声」が聞こえないのは浄土真宗ではないと述べていますが、仏の呼び声を聞くということは、仏が衆生の世界に姿を変えて現れ、衆生の足元、あるいは背後から衆生に呼びかけてくることであります。親鸞はそのことを回向と捉えたわけです。繰り返すことになりますが、回向とは如来が有限なものに姿を変えて衆生の世界に現れることです。それは具体的にいうと、阿弥陀如来が法蔵菩薩となって衆生の世界に現れて、いわば背後から衆生に呼びかけてくることです。そういうわけで、親鸞が回向ということで言い表そうとしたことは、西田が場所的論理によって捉えようとしたことにほかなりません。こうして、西田はその論理によって親鸞の思想の要をつかんだといいうるのであります。

親鸞は浄土真宗の根幹にあるものは回向だとして、「浄土真宗を案ずるに、二種の回向あり」と述べております。しかし、二種回向という前に、そもそも回向とは何ぞやということをはっきりつかまねばなりません。といいますのは、回向とはどういうことか、実は真宗においてははっきりしないところがあるのです。そのことについて少し述べておきたいと思います。

親鸞はいったい、どういうところに回向の要を捉えたか。回向とは、これまで繰り返し申しましたように、阿弥陀如来が法蔵菩薩となって衆生の世界に形を変えて現れてくることです。ところが従来、真宗において回向の理解にはっきりしないところがあったのはなぜかというと、回向とは、如来が自分の功徳を衆生に廻施することであると理解されてきたからです。

しかし、回向を、如来が自分の功徳を衆生に振り向けるとすることと、如来が法蔵菩薩に形を変えて衆生の世界に現れるとすることとの間には、微妙ながら大きな違いがあります。どのような違いか。それは、如来が法蔵菩薩となって衆生の世界に現れる場合には、如来の自己否定がある。つまり、自分を虚しくするというところがあります。ところが、如来が自分の功徳を衆生にめぐらすという場合には、如来の気まぐれというか、自己主張がある。如来は自分の功徳を思いのままに衆生にめぐらすということになって、回向は、祭りの櫓のような高いところから如来が衆生の上に思いのままに餅をぶちまけるというようなことになります。そこでは、如来の自己否定ではなく、逆に、如来の自己主張、如来の絶対性の主張がある。浄土真宗では、その如来の気前のよさを有り難いと思えというふうに教えられてきました。しかし、衆生は、祭りの餅まきのように回向を気前よく振り向けてもらったところで真に有り難いと思うでしょうか。そこでは、如来は気が向いたときにばらまくわけですから、気が向かないときはやめるということになって、回向には恣意性があるが必然性はありません。

回向は浄土真宗ではこれまでどちらかというと、功徳をめぐらすことというふうに理解されてきました。振り向けられた功徳を有り難いと手をさし出して受け取ることとして、回向はいわば「もののやり取り」のように理解されてきました。そのために、浄土真宗において、回向ということが逆によくわからなくなっていたといわねばなりません。この点において、親鸞の回向の捉え方に少し曖昧なところがあったのであります。しかし、親鸞は実は回向の要となるところを、如来が法蔵菩薩となって現れるところに捉えています。つまり、「阿弥陀如来は如より来生して応・報・化の種々の身をとって表れる」ところに捉えているのです。このように如来が形を変えて現れるところに回向を捉えるべきなのに、真宗の回向理解においてそれがはっきりしなかったのです。曽我は、回向は一般に功徳を振り向けることとされているけれども、私はそれでは満足しないといい、回向は「表現」でなければならないと述べたのは、そういう理由からであります。表現とは、如来が自らを転ずるということです。即ち、如来が自らを否定して、衆生の世界に形を変えて現れるということです。

このように浄土真宗において、回向をどう理解すればよいかということに関して曖昧なところ、不明確なところがあったのですが、西田の場所的論理はその曖昧なところを取り除き、回向の核心となるところを照らし出してくれたと思うのであります。

しかし、なぜ回向理解がこのようにややこしくなってしまったのかを考えてみる必要があります。回向はもともとサンスクリットで「パリナーマナ」といわれて、その語源は「形を変えて現れる」という意味でした。それは功徳を別の内容に変えるという意味でしたが、さらに、他にふり向けるという意味となってそれが「回向」と漢訳されることによって、その意味が固定した。その結果、回向は如来がその功徳を好きなように他にめぐらせるということとなり、その根源の意味に立ち返って理解することができなくなってきたわけです。したがって、例えばハイデッガーが「真理」の意味をギリシア語の語源の「ア・レテイア」に立ち返って、「非・伏蔵性」（「疑蓋無雑」、覆われなきこと）であると明らかにしたように、「回向」の意味が、そのサンスクリットの語源の「パリナーマナ」では、牛乳がヨーグルトに変化するように「形を変えて現れる」こと、「転ずる」ことであることに思いを致して、その意味をより深く捉え直さなければならないと思います。

回向に関して、曽我は法蔵菩薩の出現に注目しています。如来がいかにして衆生を救うかというなら、それは如来が法蔵菩薩になることによってである。曽我は「如来我となって我を救いたまう」といい、そして「如来我となるとは、法蔵菩薩降誕のことなり」といっています。如来が我となるということは、如来が法蔵菩薩となって衆生の世界に出現し、自己の存在の根源をなすものとなるということです。このようにいうことで、曽我は親鸞の回向の思想の内的構造を明らかにしようとしているわけであります。

したがって、回向の背後には、如来が法蔵菩薩となるという、如来の自己否定があるのでなければならない。そして、如来のこの自己否定に、如来が大悲心であるゆえんがあります。それがあってはじめて如来が純心であり至誠心であるといいうるのであって、如来の自己否定がなければ、回向は如来の気まぐれか権力を誇示するものに転落する。したがって、回向はあくまで如来の自己否定を通して捉えられなければならない。この自己否定の精神が法蔵菩薩です。法蔵菩薩の精神、つまり法蔵魂を忘れるならば真宗は滅亡すると曽我はいっています。この言葉で曽我がいおうとするのは、真宗は回向の根本構造を正しく理解しているのでなければならないということだと思います。

8、「一切群生海の心」としての法蔵菩薩

親鸞は回向の根本を、阿弥陀如来が衆生の世界に法蔵菩薩となって現れて、衆生に呼びかけてくることに捉えました。如来の呼びかけは種々の形をとって現れます。それは「行」となって現れます。行とは「名号」ですが、名号は如来の呼びかけです。しかし、行だけではなく、「信」もまた如来の呼びかけです。親鸞は『教行信証』「信巻」において、「信」を如来の呼びかけとに捉えています。衆生の「信」の根底をなす欲生心は「如来の世界に生まれるよう欲え」という如来の呼び声ですが、親鸞はそれを「如来招喚の勅命」だといいます。親鸞は法蔵菩薩の出現を回向の根本に捉えて、回向を如来が衆生の世界に法蔵菩薩となって現れて、衆生の存在の根源においてはたらき、呼びかけてくることと捉えたのであります。

しかし、『大無量寿経』では法蔵菩薩はそのようには説かれていません。どのように説かれているかというと、法蔵菩薩はまだ菩薩であったとき、大誓願を建ててその願が成就しなければ仏にならないと誓って修行した結果、願を成就して阿弥陀仏となり、現在は西方浄土にいると説かれています。そうすると、法蔵菩薩は阿弥陀仏となって発展解消して、どこかに消え去ってしまったということに

なります。法蔵菩薩は大昔の物語で、現在のわれわれとは何の関係もないものとなります。そのような物語上の人物はまともに相手にするわけにはいかないという印象を、私たちは『大無量寿経』の物語から受けるのであります。しかし、法蔵菩薩をそのようにして過去の物語として捉えてはならない。西方浄土の弥陀仏は自らを否定してその前身の法蔵菩薩となり、西方浄土から衆生の世界に舞い戻って、衆生とともに現在苦労していると捉えなければならない。そのように捉え直すことによって、法蔵菩薩は遠い過去の物語ではなく、現にわれわれの身近にある歴史的存在となり、われわれにおいてはたらき、われわれを生かしめる力となるのであります。

このように法蔵菩薩を捉えることは、「従因向果」に対して「従果向因」といわれます。因としての法蔵菩薩が修行して阿弥陀仏という果となった。これが「従因向果」です。その果としての阿弥陀仏が元の因、つまり、その前身としての法蔵菩薩にもどってはたらくことが「従果向因」といわれます。「従因向果」ではなく「従果向因」が、親鸞の法蔵菩薩の捉え方です。「本願成就」は、法蔵菩薩が阿弥陀仏となったところではなく、逆に、阿弥陀仏が法蔵菩薩となって衆生の歴史的世界に入ってきたところに捉えなければならないのであります。親鸞は、阿弥陀如来が法蔵菩薩になったという意味で、法蔵菩薩を「一切群生海の心」と呼んでいます。衆生の世界に現れて、衆生の一人ひとりに思いを掛けているのが法蔵菩薩です。それゆえ、法蔵菩薩は「微塵世界に満ち満ちたまえり」（『唯信鈔文意』、五五四頁）と親鸞はいうのであります。

西田が、西村見暁氏に「如来が貴様の首っ玉をつかんでいるのがわからんのか」と叱ったのは、法蔵菩薩がわれわれの歴史的世界に現れて、背後から首っ玉をつかんでいることを理解せよということでありました。西田は場所的論理の要を、絶対者が自己否定して相対の世界に身を翻して現れることとして捉えました。西田が述べていることは、今いいましたように仏が法蔵菩薩となって衆生の世界に現れて、衆生の足元から呼びかけてくるということです。法蔵菩薩は天上の清浄な世界から衆生に呼びかけてくるのではなく、衆生の生きている大地に現れて、その汚れのなかで自己自身泥まみれになって衆生に呼びかけてくる。だから「生死罪濁の群萌」である衆生は、法蔵菩薩の清浄心に触れることで、自己自身の汚れが浄化されて救われるのであります。回向の思想とは、阿弥陀如来が法蔵菩薩となって衆生の世界に現れて呼びかけてくるということであり、その呼びかけの源にある大悲心によって衆生が救われるということです。単に外から功徳をめぐらすというようなことではないのです。

このことは、西田の場合と同じように、鈴木大拙のいう「霊性」についてもいいうることです。霊性は清浄な天空を飛んでいるのではなく、人間の住む大地に現れて、そこで人間にはたらきかけているると大拙はいいます。鈴木大拙もまた法蔵菩薩の本願を、霊性ということでそのように捉えたのです。

もう一度繰り返すなら、阿弥陀如来は超越者として衆生の上を飛翔しているのではなく、自己を否定して法蔵菩薩となって衆生の世界に現れ、衆生の苦悩を担ってはたらいています。回向のはたらきを天空に捉えるか、地上に捉えるかということには、大きな違いがあります。その違いを感得して、回向の要をどこに捉えるかということが大切であると思うのであります。親鸞は回向を如来の自己否定的表現として捉えていますが、功徳をめぐらすという捉え方もしているために、回向ということが何かは、実はわかりにくくなっています。そして、真宗では功徳を他にめぐらすという観点から回向が捉えられてきました。だからこそ、親鸞の回向の思想を正しくつかまねばなりません。親鸞は回向を如来の自己否定的表現と捉えています。それは法蔵菩薩を「一切群生海の心」と捉えることです。それが『教行信証』「信巻」の三心一心問答の仏意釈のところに示されています。

仏意測り難し、しかりといえども竊かにこの心（一切群生海の心＝法蔵菩薩の心）を推するに、一切の群生海（衆生）、無始よりこのかた乃至今日今時に至るまで、穢悪汚染にして清浄の心なし。虚仮諂偽にして真実の心なし。ここをもって如来、一切苦悩の衆生海を悲憫して、不可思議兆載永劫において、菩薩の行を行じたまいし時、三業の所修、一念・一刹那も清浄ならざることなし、真心ならざることなし。如来、清浄の、真心をもって、円融無碍・不可思議・不可称・不可説の至徳を成就したまえり。如来の至心をもって、諸有の一切煩悩・悪業・邪知の群生海に回施したまえり。すなわち、これ利他の真心を彰す。かるがゆえに、疑蓋まじわることなし（『聖典』二二五頁）。

法蔵菩薩は一切群生海の心として、虚仮諂偽にして穢悪汚染な衆生の世界に現れて、衆生に思いを致しています。いったい何故、法蔵菩薩は衆生の世界に出現したか。それは、衆生はどうにも救われ難い存在であって、放置しえなかったからです。したがって、如来は衆生が虚仮諂偽で穢悪汚染であるにもかかわらず救うのではなく、穢悪汚染であるがゆえに救うのである。それゆえ、衆生は「穢悪汚染にして清浄の心なし。虚仮諂偽にして真実の心なし。ここをもって」救うのだと親鸞はいっています。衆生は救われ難い存在であるから、如来は法蔵菩薩となって出現しなければならなかった。親鸞はここに回向の要を捉えているのであります。つまり、衆生は救われ難い存在であるがゆえに、法蔵菩薩の呼び声が生じた。曽我はこのことを親鸞の「仏意釈」の記述に見いだして、次のように述べています。

然るに信巻の三心釈を拝読すると、その神話的法蔵菩薩が正しく歴史的現実として描き出されてゐることはまことに驚くべきことであり、また感激に堪へぬところである。実際信巻の三心釈の如きは古今独歩といふべきである。あの法蔵菩薩を、神話のごとく『大経』には描かれ、伝へられてゐる法蔵菩薩を現在においでになる仏として聖人は感得してをられる。そして、法蔵菩薩の内面、法蔵菩薩の御心を目に見えるやうに具体的に書きしるしてをられる、ああいふ仏の内面、仏の御心を具体的に描写しているあの手腕は実に驚嘆に余りあるものである。これは他にない事である（『選集』第六巻（歎異抄聴記）、六四～六五頁）。

曽我は、親鸞がここで神話的法蔵菩薩を歴史的現実として描写している仕方は「古今独歩」であって、法蔵菩薩の心を目に見えるように具体的に描写した手腕は他にないことだとして驚嘆すべきものだと述べております。このことに深く注目すべきであると思います。この法蔵菩薩の自己否定の精神は、西田が場所的論理において示した絶対者の捉え方に通じています。絶対者の絶対者たるゆえんは、絶対者の自己否定にあるのです。

法蔵菩薩がわれわれ衆生の世界に現れて、われわれに呼びかけていることを別のコンテキストにおいてですが、極めて具体的で身近な仕方で描いている文章がありますので見ておきたいと思います。それはシモーヌ・ヴェイユの言葉です。この言葉も他のところでも紹介したことがありますが、示唆に富んで深い含蓄があるので紹介しておきたいと思います。

神との約束こそはどんな実在にもましてはるかに実在的である。
神は神を愛する人とともに約束の言葉を定められた。人生のあらゆる出来事は、この言葉に一語一語相当する。これらの語はすべて同意語であるが、世の美しい言葉において見られるように、それぞれが全く独自のニュアンスをもち、それぞれ翻訳不可能である。それらすべてに共通している意味は、「われ、汝を愛す（Je t'aime）」である。かれは一杯の水を飲む。水は神の「われ愛す」である。かれは、全く飲み水を発見できずに、砂漠を二日間さまよっている。その喉のかわきは、神の「われ愛す」である。神は愛する男のそばをはなれずに、何時間も、とめどなく、耳に口をよせて、「すきよ、すきよ、すきよ、すきよ」と低くつぶやき続けるしつこい女に似ている（『超自然的認識』、九四～九五頁）。

ここでヴェイユは神をしつこい女に似ているといっていますが、しつこい女は法蔵菩薩のことでもあります。法蔵菩薩はなぜしつこいか。それは法蔵菩薩は天空ではなく衆生の住む相対の世界に現れて、人生のあらゆる出来事において衆生の耳元でとめどなくつぶやき続けているからです。それは「一杯の水」においても、「喉のかわき」においても、「われ、汝を愛す（Je t'aime）」と呼びかけてきます。如来のつぶやきは、人生のどのような出来事の内においても、同じように聞き取られねばなりません。

あらゆる出来事の内に法蔵菩薩のつぶやきを聞き取って生きるということ、そのことを西田は「平常底」と名づけています。平常底とは、日常のあらゆる出来事において如来の呼び声を聞くことですが、西田はそれを、「われわれの自己に本質的な一つの立場」だと述べています。

ここでは、西田は親鸞をどのように捉えたかということについてお話をさせていただきました。西田の場所論ははからずも、親鸞が真宗の中心に捉えた回向の構造を明らかにするものだということを見たわけであります。西田の「場所的論理と宗教的世界観」は理屈をこねた抽象的論理だと思われるかもしれませんが、実は、浄土真宗の回向の内的構造を綿密に掘り起こしたものだといえます。それゆえ、西田の場所的論理を深く理解することは、親鸞の思想の内面に深く入り込むための通路となると思うのであります。

曽我量深の法蔵菩薩論と親鸞の回向の思想

1、曽我と法蔵菩薩の思索

改めていうまでもないが、曽我量深は、明治期の清沢満之の信念と思索を受け継いで、親鸞の思想を近・現代の思想界、宗教界に蘇らせた真宗の代表的な教学者であり、思想家である。曽我は、その信と思索の生涯において、出くわし、拘り、追究した種々の問題を、極めて独創的で意表をつく命題の形で表している。思い浮かぶものだけでも、「如来は我なり。如来我となりて我を救ひ給ふ。如来我となるとは法蔵菩薩降誕のことなり」、「信が内に展開する本願」、「法蔵菩薩は阿頼耶識である」、「親鸞の仏教史観」、「分水嶺の本願」、「象徴的世界観」、「宿業は本能なり」、「信に死し、願に生きん」など、枚挙に切りがない。それらの中にあって、曽我が生涯にわたって一貫して追究した問題を挙げるなら、それは「法蔵菩薩」をめぐる思索であったことは衆目の一致するところであろう。ではなぜ、法蔵菩薩が曽我の生涯にわたる思索のテーマとなったのか。いったい、曽我は法蔵菩薩について思索することで何を明らかにしようとしたのか。曽我の法蔵菩薩の思索について言及される割りには、そのことに関しては深く思いが致されていないように思われる。本論で改めて追究しようと思うのはそのことである。

結論を先取りしていうなら、曽我が法蔵菩薩について深く思索をめぐらすに至ったのは、そこに親鸞の回向の思想の要となるものを見いだしたからである。そのことを曽我は、法蔵魂を見失うとき、真宗は滅亡するという謎めいた言葉で表明している。曽我は次のように述べる。

浄土真宗は法蔵魂に目覚めることであり、本当に自力無効、自力のはからひを捨てて、如来の願力に乗ずるところに法蔵魂に目覚めるのである（『曽我量深選集』第六巻、一六四頁）。

浄土真宗は法蔵精神を感得するものが浄土真宗である。浄土真宗に生をうけてゐるものはみな法蔵魂を感得せねばならぬ（『同』、一六二頁）。

我々は各自々々法蔵精神に目覚め、生きねばならぬ。正覚の弥陀如来のみではいけない。その正覚の弥陀を通して因位法蔵菩薩の精神を知らねばならぬ。でなければ真宗は滅亡する。真宗は今日まさに滅亡せんとしている（『同』、一七九頁）。

では、如何なる意味で、法蔵魂は浄土真宗の要であるのか。端的にいって、浄土真宗は本願の信に立脚するからである。そして、本願の信は如来の回向をその根幹に置くからである。すなわち、浄土真宗の本願の信が如来の回向によって成立することが、浄土真宗を法蔵菩薩に結びつけるのである。浄土真宗は阿弥陀如来の信に立つのか、それとも本願の信に立つのかに関しては議論のあるところであるが、曽我は浄土真宗は本願の信に立つのでなければならないとして、次のように述べる。

誠に十劫正覚てふことはすでに七百年前に我親鸞聖人を驚かし奉りた。［弥陀成仏のこのかたは、いまに十劫をへたまへり、法身の光輪きはもなく、世の盲冥をてらすなり］の御和讃が如何に多くの眠れるものを醒ましたであらうか。而も此十劫正覚の大音に驚き醒めたる我親鸞聖人は徒に此に拘執して此を信仰の中心点とし給はなかつたのである。更に深く歩を進めて如来本願の生起本末に溯らせられ、此本願の上にその金剛不壊の信念を建立せられたのである（『選集』第二巻、三七〇頁）。

曽我はここで、親鸞が阿弥陀如来の讃仰にとどまらず、本願の上に「金剛不壊の信念」を打ち立てたことに注目している。ではなぜ曽我は、親鸞は阿弥陀仏の讃仰よりも本願の信を重視したことに注目するのか。それは、浄土真宗の根幹に置かれる如来の回向はまさに本願の上に成立すると、曽我は考えるからである。すなわち、曽我は、親鸞が回向の要を、阿弥陀如来が自らを否定して法蔵菩薩、つまり、本願となって衆生の世界に現れたところに捉えたと考えたからである。法蔵菩薩の思索が曽我の生涯を貫くテーマとなった理由はここにあると思う。曽我にとって法蔵菩薩論について思索をめぐらすことは、浄土真宗のなかの一つの問題を取り上げることではなく、浄土真宗の根幹をなす回向の問題について思いを致すことであったのである。では、如何なる意味で法蔵菩薩は親鸞の思想の要となるのか。ここでは、そのことを曽我の法蔵菩薩の思索をめぐって追究してみたい。

2、親鸞の回向の思想とその問題点

回向の思想が浄土真宗の根幹をなすものであることを、親鸞は『教行信証』「教巻」の冒頭において「次のように述べている。「浄土真宗を案ずるに、二種の回向あり。一つには往相、二つには還相なり」。しかし、親鸞は、いきなり「二種の回向あり」と述べることで『教行信証』を書き始めているため、親鸞の回向の思想は概して「二種回向」をめぐって論じられてきた。つまり、「回向」はいわば自明のこととして通過されてきたのである。

しかし、親鸞の回向の思想にはなお曖昧のままに残されたところがある。それはどのようなことか。曽我の法蔵菩薩論はそのことを明らかにしようとするのである。

親鸞において回向の思想が自明とされ、それ自体として殊更に追究されることがなかったのは、親鸞が回向を他力と捉えたことで、その全容が言い尽くされたと考えられてきたからである。回向が他力であることを弁えさえすれば、回向についてそれ以上追究する必要はないとみなされてきたのである。しかし、回向が他力であるとはどういうことか。回向の主体が衆生ではなく、如来であるとはどういうことか。そして、他力は衆生においてどのようにはたらくのか。このことについては十分に吟味されてこなかったように思う。そこにはなお曖昧なところが残されており、そのことが延いては二種回向の理解に関しても錯綜した議論を引き起こす遠因となってきたのである。

親鸞の回向理解の独自性は、先に述べたように、回向の主体を衆生から如来に転じ、回向するのは衆生ではなく、如来であるとしたところにある。浄土仏教の祖師の世親や曇鸞や善導においては、如来は回向の増上縁であっても、回向の主体は善男子善女人、つまり、衆生にあると見なされてきた。ところが、親鸞は回向の主体を衆生から如来に転じ、回向するのは如来であるとした。

衆生は如何に努力しても、自らの力によって他者を思い通りに助けることはできず、自らの菩提を証することもできない。衆生は自らの功徳を用いて、如来の世界に至ることができないばかりか、如来に思いを致すことさえも実はできないのである。人間は両足を揃え、独力で如何に空高く飛び上がっても、終には地上に落下せざるをえない。この如何とも仕難い事実を、親鸞は曇りなき目で見据えた。その結果、衆生が如来の世界に生まれ、他者に助けの手を差し伸べるためには、自分を超えた如来の力によって上方に引き上げられるのでなければならない。衆生が如来を探すのではなく、如来が衆生を探すのである。親鸞はそう確信するに至って、それまで衆生の上にみられていた回向の主体を、衆生から如来に転じ、自力回向から他力回向に転じたのである。親鸞は、その新しい回向理解を漢文に破天荒な読み下しを付することで示した。親鸞の回向思想の特色は、こうして、回向は他力であるというところにあり、そのことをはっきりとつかむところに浄土真宗の根幹があるとされたのである。

しかし、親鸞の回向思想がそのように捉えられることで、問題はすべて片付いたわけではなかった。そこにはなお注意深く吟味し、追究すべき問題が残されていた。それは「他力回向」とはどういうことかということである。回向の主体が如来である場合、如来はどのように衆生にはたらきかけるのか。その際の回向の構造はどうなっているのか。それらのことが十分突き詰められないまま残され、各自の判断や解釈にゆだねられてきたのである。

そのことは、親鸞がその新しい回向理解を、なお従来の伝統的な回向概念を用いて説明していることに起因している。すなわち、親鸞は『教行信証』「証巻」において、曇鸞の言葉を用いて、「おおよそ回向の名義を釈せば、謂わく己が所集の一切の功徳をもって、一切衆生に施与して、共に仏道に向かえしめたまうなり」(曇鸞『教行信証』「証巻」、真宗聖典二九三頁)と述べ、回向の主体が衆生から如来に転ぜられた場合でも、回向の主体を衆生の上にみる従来の伝統的な回向概念を用いて説明しても差し支えないと無造作に考えたのである。

そのことは取り立てていうほどもない些細なことのように思われた。しかし、そこに問題があった。それは、水上にわずかしか姿を見せていない氷山が船を沈没させかねない危険性を秘めているというような具合であった。その危険性とは、従来の伝統的な回向概念は、親鸞の新しい回向概念を破壊しないまでも、その要となるところを見えなくするという難点を潜めていたということである。従来の伝統的な回向概念は、あたかも焦点があわないレンズのように、親鸞の回向思想の要となるところを覆い隠したのである。

それは具体的にはどういうことか。そこでは、親鸞の他力回向が、回向の主体としての如来を自己の外に他者として置き、その他者から功徳を賜るという具合に理解されることになったということである。曽我の言葉を借りていうなら、如来の回向を「もののやり取り」のようにしたのである。「廻向とは仏と対立して向かふから下さる、こちらは受取る、仏と我々とものゝやりとりすることだと思つてゐる。御受取りと手を差出すといふやうに解釈してゐるものがある。さうではない」(『選集』第十一巻、一〇三頁)、と曽我はいう。つまり、従来の伝統的な回向概念は、親鸞の他力回向とは、衆生が如来から功徳をもののように受け取ることであり、そう解するのでなければ自力であるという理解を生んできたのである。

しかしそこでは、回向は、あたかも祭りの餅撒きのように、如来が高いところから衆生の上に餅を撒くというかのごときもの、あるいは、「豆がほしいかそらやるぞ」という具合に人間が鳩に向かって豆をばらまくように、如来が衆生の上に思いのままに気前よく功徳を投げかけるかのごときものとなる。そこでは、如来によって回向された功徳は「もの」のような受動的存在となり、衆生に救済と覚醒をもたらす能動的原理であることをやめるのである。

親鸞は『教行信証』において、教・行・信・証のそれぞれに標挙となる本願を示して、それらがいずれも如来によって衆生に回向されたものであることを示している。そのうち、ここで「信」を取り上げていうなら、信が如来によって衆生に与えられたもの、衆生が戴いたものとされるとき、信は「所信」となり、「能信」であることを止める。そして、所信となった信は、親鸞のいうような「信心の業識」として、衆生を光明土にいたらしめる能動的なはたらきをもった「内因」、生きた生命体であることをやめるということである。

では、如来によって回施された信が、衆生において救いと覚醒をもたらす能動的な原理であるためには、信はどのように捉えられなければならないか。それは、信を、如来の心が衆生の心において「形を変えて現れた」ものと捉えることである。他力回向を、如来が衆生の外から「功徳を回施する」と捉えるのではなく、如来が衆生の世界に「形を変えて現れる」と捉え直すことである。曽我の言葉でいうなら、回向を「回施する」ではなく、「表現」と捉え直すことである。そこに、曽我が回向に関して、殊に法蔵菩薩に注目するゆえんがある。曽我は親鸞の他力回向の要となるところを、阿弥陀仏ではなく、法蔵菩薩に注目することによって明らかにしようとするのである。

回向の要を法蔵菩薩に捉えることは、回向を阿弥陀如来が法蔵菩薩となって衆生の世界に現れ、はたらきかけるところに捉えることである。しかし、従来の「功徳を振り向ける」という回向概念は、回向の核心がどこにあるのかを示すことはできなかった。それは、阿弥陀如来が法蔵菩薩とならねばならない必然性を説明できなかった。それゆえ、回向の要を法蔵菩薩によって捉えるとき、従来の伝統的な回向概念は別の概念によって取って代えられなければならない。曽我が回向を「表現」と捉えなければならないというのはそういう意味である。しかし、曽我の回向論に立ち入るに先立って、回向のサンスクリットの原語「パリナーマナ」の意味と、それから如何にして、従来の伝統的な回向概念が成立したかについて一瞥しておきたい。

3、「パリナーマナ（転変）」としての回向概念とそれの漢訳

回向とは、サンスクリットの原語はパリナーマナ（pariṇāmanā）であり、「変化すること」、「形を変えて現れること」を意味する。この語は日常生活でも用いられ、牛乳がヨーグルトに変わるように、

あるものが熟して別のものになることを意味する。このパリナーマナという語は哲学的思弁においても用いられ、「唯識」においては「識の転変」のことを指す。すなわち、阿頼耶識において種子が現行に転じ、現行がその薫習を残して種子に転ずることがパリナーマナといわれている。この「パリナーマ」という語が「回向」と漢訳されて仏教に取り入れられ、大乗仏教の中心を占める概念となった。そこで回向は「功徳の内容を別のものに振り替える」、あるいは「功徳を他に振り向ける」という意味で用いられるようになったのである。

浄土仏教では回向概念はこの第二の意味で捉えられ、その中心を占める概念になった。例えば、善導は回向を「この功徳をもって一切に平等に施し、菩提心を起こして共に安楽国にうまれようと願うこと」としている。この言葉は「回向文」と呼ばれて、回向という概念の根幹を示すものとなっている。また、親鸞は先に述べたように、『教行信証』「証巻」において、曇鸞の『浄土論註』の言葉を引き、「おおよそ回向の名義を釈せば、謂わく己が所集の一切の功徳をもって、一切衆生に施与して、共に仏道にむかえしめたまうなり」と記している。浄土仏教の祖師たち、そして、親鸞もまた共通して、回向を「自分の修めた善行の功徳を衆生に回らし向けて、共に悟りをうるように期すること」という意味で用いている。回向の意味はこのように定められ固定されてきた。したがって、回向は今日、英語では専ら merit transferance という訳語が用いられている。

このような回向概念は、サンスクリットの原語の「パリナーマナ」が「回向」と漢訳されることによって成立した。しかし、そこで注目すべきことはパリナーマナが漢訳されるに際して、意味の固定化が生じているということである。語源のパリナーマでは「変化する」、「形を変える」という自動詞であったものが、漢訳の回向においては「功徳を振り向ける、振り替える」という他動詞になっている。そして、回向する主体が回向される客体の外に立つことになり、回向は「もののやりとり」のようになっている。このことは、回向理解の基点を漢訳から、その語源の「パリナーマ」に立ち返って捉え直すのでなければならないことを示している。曽我が注目するよう促しているのはこのことである。

4、表現としての回向

曽我は、親鸞によって捉えられた回向の内実を適切に示すものは「廻施」ではなく、「表現」でなければならないとして、次のように述べる。

廻向といふことはつまり表現するといふことである。昔からして廻向といふことは施すことだ、廻施することである、己を廻らして他の衆生に施すことである、浄土真宗における廻向とは何ぞや、つまり如来の衆生廻向である、如来が自己の功徳を他の衆生に施すことである、かういふ工合に解釈してをりますが、それは無論それに違ひないと思ふのであります。しかし、私は単にさういふ具合に解釈することだけでは満足しないのであつて、私は廻向といふことは表現といふことである、浄土真宗の廻向は表現廻向であると思ふのであります。

表現廻向とは何であるか、表現廻向といふのは自身の才、智慧、自分の意志、意欲といふものを以てああしようかうしようといふやうに考へることではないのでありまして、ただ水が高きより低きに流れるやうに、水が流れるときにはそこに石があつても無闇にこれを突き飛ばして流れない、或は水の渓流になるときには随分石や岩を突き飛ばして流れることもあるでありませうけれども、普通の水といふものはさういふものではない、岩があれば岩を廻って流れる、何処の川でもさうでせう、真直に流れてゐるのは一つもない、皆うねうね廻つて流れてゐる、そのうねうね曲つて流れてゐるといふことはなにものにも逆らわず低いところを尋ねて、さうして何物にも邪魔されないやうに、つまり、自分自身の本性といふものによつて何物をも邪魔しないで、さうしてあらゆるものに従順して流れてゆくといふのが水の本性である、さういふことが、私は廻向といふ意味ではなからうかと思ふのであります（『選集』第五巻、二六二〜二六三頁）。

曽我が「功徳を振り向ける」、つまり「廻施する」という回向概念を「表現」という語によって取って替えなければならないと主張することで示そうとするのは、この二つの回向概念において、回向する主体の有り様が異なるということである。

「廻施する」という回向概念においては、回向の主体は自分の才覚でもってああしよう、こうしようということになり、そこでは、渓流が自分の思い通りにならない石や岩に出くわすなら、それを突き飛ばして進むように、回向の主体の自己主張、勝手気ままさ、恣意性が表に出てくる。そのような回向の主体の恣意性は如来にふさわしくない。それゆえ、回向の主体が衆生から如来へ変えられる場合、従来の伝統的回向概念は再検討されなければならないのである。親鸞の回向思想の理解に伴う曖昧さは、実は従来の回施するという回向概念をそのまま、如来が回向の主体となった場合にも適用したことに起因するといわねばならない。

では、「表現」という回向概念においてはどうか。そこでは、水が石や岩に逆らわず、それに沿い、随順して自らを変えつつ、自らを表してゆくように、変化する、転ずるという面が出てくる。そして回向の主体の自己主張の代わりに、如来の自己否定が現れてくる。そのような回向の主体の自己否定性、従順性は、如来が真実心、純心、大悲心であるゆえんを証しするのである。そこに、回向は表現でなければならないと曽我が主張する理由がある。

したがって、回向が表現であるということは、阿弥陀如来が自己を否定して、衆生の世界に現れてはたらくということである。それは、阿弥陀如来が法蔵菩薩となるということである。如来がその功徳を回施するということも、ここに裏付けられて初めて意味をもつ。如来が法蔵菩薩となって衆生の世界に現れることが、如来が自らの功徳を衆生に回らすことになるのである。それゆえ、回向の主体が如来であるというとき、回向は単に如来が回施するということではなく、その手前において如来が法蔵菩薩となるということとして捉えられなければならない。曽我の法蔵菩薩論が、親鸞の回向の思想の要に深く結びついている理由がここにある。

曽我は法蔵菩薩について思索するに至った起点を、「暴風駛雨」において「如来は我なり」、「如来我となりて我を救ひ給ふ」、「されど我は如来にあらず」という命題で述べている。この命題を曽我は後に「地上の救主」において、「如来は我なり」、「如来我となりて我を救ひ給ふ」、「如来我となると は法蔵菩薩降誕のことなり」と説明している。ここで曽我は、阿弥陀如来が我を救うのは、阿弥陀如来が我となることによってであり、阿弥陀如来が我となるとは、阿弥陀如来が法蔵菩薩となって、われわれ衆生の世界に現れ、われわれ一人ひとりの内に入り込むことによってであると述べている。ここでは曽我はまだ「回向」という言葉を用いてはいない。しかし、親鸞が回向の核心を「法蔵菩薩は一切群生海の心なり」と述べて表明したことが、ここではすでに直感的につかまれている。曽我が「宿業は本能なり」として、宿業本能において本願を感得するに至ってそれがはっきりしてくるのである。

5、表現としての回向の構造—絶対者の自己否定—

回向とは阿弥陀如来が直接的に衆生にはたらきかけるのではなく、その姿を変えて衆生の世界に現れることである。したがって、曽我は、回向は「功徳の回施」としてではなく、「表現」と捉えなければならないと考えた。そのことについては、先に述べたとおりである。

表現とは、回向の主体である絶対者、あるいは如来が、自らを否定して相対の世界に相対の相をとって現れることである。そこで注目すべきことは、絶対者は相対の世界に、絶対者として姿を現すのではなく、相対の相をとって現れるということである。そのことは、阿弥陀如来が阿弥陀如来としてではなく、法蔵菩薩に姿を変えて衆生の世界に現れるということである。曽我はそこに回向の要を捉えた。本願の意義はそこにある。

衆生は阿弥陀如来に直かに接することはできない。なぜなら、阿弥陀如来は衆生の世界を超過しているからである。衆生は、阿弥陀如来のこの世における現れとしての法蔵菩薩の本願を通して、阿弥陀如来に触れるのである。そこに、衆生にとって、阿弥陀如来の讃仰ではなく、本願の信が重要な意味をもつと曽我がいう理由がある。というのは、衆生が阿弥陀如来に触れて涅槃を証しうる道は、本願の信しかないからである。それゆえ、回向において注目すべきことは、「阿弥陀如来が、阿弥陀如来としてではなく、法蔵菩薩として、衆生の世界の相を纏って衆生の世界に現れること」、つまり本願となって現れるということである。

このような回向の構造を示したものとして、西谷啓治が用いている比喩を見ておきたい。西谷は超越者のわれわれの世界における現れ、あるいは、如来の衆生の世界における出現の仕方を一枚の板で仕切られた二つの部屋の譬えで示している。そこで二つの部屋を仕切る板とは、如来の世界と衆生の世界を仕切る境目、つまり、曽我の言葉でいうなら「分水嶺」にほかならない。

境界線は二つの部屋を仕切る一枚の板に似てゐる。板がA室に向かつてゐる面Xは、A室の限界を表示するものとして、B室を代表する。X面はその「本質」において、Aに現はれたBの表現であるとも言へる。しかし同時に、Bの表現である同じX面は、A室の一部としてA室に所属する。Aに現はれた限り、「現象」としてはAのものであり、Aの構造契機である。同様なことはその板がB室に向いてゐる面Yについても言へる。Y面はB室の、Bとしての構造に属し、「現象的」にはBといふ現象の一部である。しかも同時にそのY面は、AからBを限界付けるものとして「本質的」にはAをBのうちで代表し、Bに現はれたAの表現である。一般に「限界」といふことには、裁断が接合でもあるといふ意味が含まれてゐる。そしてその接合は、差別されたものの間の相互投射とか相互浸透とさきに呼んだやうな連関として成り立つのである。このやうな構造を「回互的」と呼べば、回互的な連関の場合に重要なことは、一つには、本質的にAに属するものがBのうちへ自らをうつす（映す、移す）とか投射するとかして現象する時、それがBのうちでAとして現象するのではなくBの一部として現象するといふ点である。言ひ方を換へれば、A「体」がB「体」へ自らを伝達する時、それはA「相」においてではなくB「相」で伝達される。Aは自らをBへB相で分与（mitteilen）し、BもAからそれをB相で分有（teilhaben）する。これがBへの自己伝達というAの「用」である。Bの側からのAへの伝達においても同様である（『西谷啓治著作集』第十三巻、一三二頁）。

この比喩で、西谷がA室とB室の関係で捉えているのは、絶対と相対、あるいは如来と衆生との関係でもある。この関係で注目すべきことは、Aが自らをBに映（移）すときは、Aとしてではなく、B相のもとにおいてであるということである。そのことは、如来は衆生の世界に自らを映（移）すとき、如来としてではなく、衆生の世界の相をとって現れるということである。すなわち、阿弥陀如来は衆生の世界に阿弥陀如来としてではなく、法蔵菩薩となって現象するということである。西谷はこの関係を「回互」的と呼ぶが、それは「回向」の関係でもある。回向において見逃してはならないことは、阿弥陀如来は自己を否定し、法蔵菩薩に形を変えて衆生の世界に現れるということである。回向の要となる点がこの比喩で示されている。曽我が回向を「回施する」と捉えることだけでは満足できず、「表現」として捉えるのでなければならないと主張したことの理由がここにある。

こうして、回向とは、阿弥陀如来が直接、衆生にはたらきかけることではなく、阿弥陀如来の座をおりて法蔵菩薩となって衆生の世界に現れ、衆生の心の内奥にはたらきかけてくることである。そのとき回向は、如来の「呼びかけ」となる。呼びかけが人間にもつ意味に関しては前節で述べたのでここでは触れない。ただ、親鸞は、法蔵菩薩が「一切群生海の心」となって、微塵世界に現れ、われわれの心に呼びかけてくるところに回向を捉えた。そして、如来がわれわれの心の底に呼びかけてくるのを感得するところに「信」を捉え、その信を「如来、諸有の群生を招喚するの勅命」と捉えたのである。

絶対者、つまり、如来は自己を否定して相対の世界に「呼び声」として現れる。その如来の呼び声が名号である。したがって、名号は如来の回向である。名号は如来が自己否定して、衆生の世界に形を取って現れた、如来の表現である。如来は名号となって自己を現すのである。如来の自己否定の端的な表現が法蔵菩薩であり、それが本願である、その本願が形をとって現れたものが名号である。したがって、われわれは、名号を通してその背後に本願を感得し、名号を如来の呼び声として受け取ることで、名号において「法蔵菩薩の精神」に触れるのである。しかし、名号、つまり行だけが法蔵菩薩の回向なのではない。信もまた、そして本願のすべてが法蔵菩薩の回向なのである。

6、絶対者の自己否定としての回向

回向の要となるのは「如来の自己否定」ということであるが、それはまた哲学者の西田幾多郎がその宗教論「場所的論理と宗教的世界観」において示そうとしたことであった。

西田は浄土真宗の要を「仏の呼び声を聞く」ことに捉えて、「仏の呼び声が聞かれないものは浄土真宗ではない」と述べている。そして、絶対者をこの「仏の呼び声」として捉えることを可能にするものを西田は「場所的論理」であるとしている。しかし、それはどのようなことをいうのか。

いうまでもなく、場所的論理は「対象的論理」との対比においていわれている。対象的論理が、神とか仏というものをわれわれの外に対象的に置き、われわれがこれに必死に近づいていこうとする立場であるのに対して、場所的論理とは、逆に神や仏の方が、自らを否定して、われわれの方に形を変えて現れ、呼びかけてくるとする立場である。如来がいわば、絶対無の場所として、自らを衆生の相対的無の場所（衆生の世界）に映（移）す、つまり、表現すると捉えるのが場所的論理なのである。

絶対が自らを否定して、相対の世界に現れ、衆生に呼びかけてくることを、親鸞は、阿弥陀如来が自らを否定し、法蔵菩薩となって衆生の世界に現れて呼びかけてくることと捉え、それを「回向」の要とした。西田はその回向を、絶対が自らを否定して、相対の世界に自らを現す、あるいは映（移）

すと捉えたのである。

場所的論理に関して、西田は次のように述べている。「神は絶対の自己否定として、逆対応的に自己自身に対し、自己自身の中に絶対の自己否定を含むものなるがゆえに、自己自身によって有るものであり、絶対の無であるがゆえに絶対の有であるのである」（『西田幾多郎全集』第十一巻、三九八頁）。したがって、繰り返すなら、宗教の「場所論的把握」とは、絶対無ともいうべき神や仏が自己を否定し、自己を翻して、限定された場所、つまり相対界に現れ、相対を通して自己を表現することである。それは超越が内在となることであり、神や仏が超絶的な天空ではなく、われわれの住む大地に姿を変えて現れることである。

そのことを西田は次のように述べる。

絶対は何処までも自己否定においで自己をもつ。何処までも相対的に、自己自身を翻すところに、真の絶対があるのである。真の全体的一は真の個物的多に於いて自己自身を有つのである。神は何処までも自己否定的に此の世界に於いてあるのである。この意味に於て、神は何処までも内在的である。故に神は、此の世界において、何処にもないと共に何処にもあらざる所なしと云ふことができる。……私は此にも大燈国師の億劫相別、而須臾不離、尽日相対、而刹那不対といふ語を思い起こすのである。単に超越的に自己満足的なる神は真の神ではなからう。一面に又何処までもケノシス的でもなければならない。何処までも超越的なると共に何処までも内在的、何処までも内在的なると共に何処までも超越的なる神こそ、真に弁証法的なる神であらう。真に絶対といふことができる。神は愛から世界を創造したといふが、神の絶対愛とは、神の絶対的自己否定として神に本質的なものでなければならない。opus ad extra（外へ向かうはたらき）ではない。私の云ふ所は、万有神教的ではなくして、寧、万有在神論的 Panentheis umus とも云ふべきであらう。しかし、私は何処までも対象論理的に考へるのではない（『同』、三九八〜三九九頁）。

こうして、宗教の「場所論的把握」の要が「絶対者の自己否定にあることがはっきりしてくる。

我々の個的自己、人格的自己の成立の根底には、絶対者の自己否定と云ふものがなければならない。真の絶対者とは単に自己自身の対を絶するものではない。何処までも自己自身の中に自己否定を含み、絶対的自己否定に対することによつて、絶対否定即肯定的に自己自身を限定するのである。かかる絶対者の自己否定において、我々の自己の世界、人間の世界が成立するのである。かかる絶対否定即肯定と云ふことが、神の創造と云ふことである。……絶対に対する相対と云ふことは、上にも云つた如く、単に不完全といふことではなくして、否定の意味を有つてゐなければならない（『同』、四〇九頁）。

と西田はいう。親鸞の回向の思想において注目すべきことは、この絶対者の自己否定という側面である。

7、逆対応と呼びかけ

宗教の場所論的把握は、神や仏が天空ではなく、われわれ衆生の住む大地、あるいは宿業の世界に姿を変えて現れると捉えることにあった。そのことによって絶対者とわれわれとの関係は「逆対応」になると西田はいう。それは、絶対者、あるいは如来が自己の面前ではなく、自己の足元、あるいは背後に現れることである。そこに「呼びかけ」の関係がある。「呼びかけ」とは、見ることや観ずることではなく、聞くことである。聞くとは、見えないものを見ることである。そこにおいて、絶対と相対との関係は背中合わせの関係、逆対応の関係となる。西田はそのような逆対応の関係を最も適切に言い表したものとして、先に述べた、大燈国師の「億劫に相別れて須臾も離れず、尽日相対して刹那も対せず」という言葉を挙げたのである。

われわれが如来と離れながら接し、接しながら対面することはないということは、如来と衆生が絶対の断絶を孕みつつ接していることを示している。そのことは、「神は至るところにあって、どこにもない」ということである。これが、如来と衆生との関係である。「信」における衆生と如来との関係はそのような関係である。信とは如来を見ることではない。如来が見えないところにおいて如来の呼び声を聞くことである。それが本願の信である。こうして、「場所的論理」と「逆対応」は不可分に結びついている。ということは、「逆対応」を伴わない「場所論」や、「場所論」を踏まえない「逆対応」の捉え方は、西田の「場所的論理」の半分をつかんだだけで、なお全体をつかんでいないということである。「場所的論理」は、神や仏を実体として捉えるものでないということから、神を「八不的・否定神学的」に捉えること、あるいは神を「神性」(Gottheit)と捉えることが場所論であるとする見方があるが、それは宗教の場所論的把握の一面を捉えたものでしかない。それは神や仏が対象的に捉えられないことを一方的に強調するが、そのことにおいてなお対象的見方に囚われているといわねばならない。宗教の場所論的把握とは、対象的に捉えられない絶対無としての神や仏が、われわれ衆生の有限な世界に形をとって現れ、呼びかけてくるということである。そのとき、神と衆生の関係は背中合わせ、表裏の関係となるが、その関係を逆対応というのである。したがって、「逆対応」とは悪人正機でいわれるような、如来は善人ではなく悪人を救うというような「パラドックス」の関係をいうのではなく、如来が衆生の背後から出現して、衆生に呼びかけてくる関係をいうのである。親鸞が回向というのは、如来と衆生とのそのような関係である。如来が自らを否定して法蔵菩薩となって衆生の世界に現れ、本願や名号となって衆生に呼びかけてくるところに回向があるのである。

8、本願の大地性

回向において注目すべきことは、第一に、如来が法蔵菩薩となるという、如来の自己否定である。第二に、如来が法蔵菩薩となってこの衆生の世界に現れるということである。如来が法蔵菩薩になるということは、回向のはたらく場が衆生の生きる宿業の世界であるということである。そこに本願の大地性ということがある。如来の自己否定については前節で述べた。それゆえ、ここでは本願のはたらく場としての大地性についてもう少し詳しく見ておきたい。

鈴木大拙は『日本的霊性』において、日本的霊性の現れを親鸞の浄土系思想に見て、その特性を大地性と捉えている。大地性とは、霊性が大地を貫いてはたらいているということである。ところで、大拙がいう霊性の大地性は、また本願の大地性でもなければならない。本願が衆生においてはたらくためには、本願はそれが現れてはたらく場との関係において捉えられなければならない。本願が現れてはたらく場所とは、宿業の大地である。

ところで、浄土真宗においては、本願についていわれながら、それは、はたらく場について注意されてこなかったように思う。本願について、例えば、「衆生は如来に願われている」とか、「如来は衆生に思いをかけている」といわれる。しかし、そのようにいわれるとき、本願は、それがはたらく場所との関わりを離れて捉えられているように思われる。そのかぎり、本願は抽象的に捉えられているといわねばならない。本願は、宿業の大地との結びつきにおいて捉えられることで初めて具体的になることに思いを致さねばならない。曽我の法蔵菩薩論はそのことに注意したものにほかならない。曽我が「法蔵菩薩は阿頼耶識である」と述べたとき、曽我が思いを致したのも、本願がはたらく場所としての「宿業の大地」であった。阿頼耶識とは宿業の大地であるといいうる。

　鈴木大拙が『日本的霊性』を書いたのは昭和二十年であるが、曽我はそれに先立つ昭和十年頃、本願のはたらく場所を「宿業の大地」に捉えて、次のように述べている。

> 親鸞の念仏、親鸞におきましては真実仏教歴史の悉くすべてが皆大地に関係し、皆大地を歩いた記録でなければならぬ。かう云う風に真の歴史に於いてのみ此大地は吾らの祖先がそこに骨を埋め、吾らの祖先がそこにおいて呱々《ここ》の声を挙げ、吾等の祖先がそれにおいて血を流したのである。吾らの祖先の骨も皆大地から出たものである、大地から見出されたものである。さう云ふことを親鸞ははつきりと認める。あの大乗経典と云ふのは即ちそれを示すものであつて、唯天上の空想を書いてあるのではなしに、誠に無碍自在に天上のことを語つて居るのも、それこそ地上に深厚の関係をもつて居るからである。真実の大地に於いて天の理想の血肉を観たからである。地と云ふものに関係のない天と云ふものは何の意味もないのである（『曽我量深選集』第五巻、四四二〜

四四三頁)。

曽我はこの文章を書いた一年後の昭和十一年に、「宿業は本能である」と感得して初めて、宿業の何たるかがわかったとして、次のように語っている。

私はすでに数十年以前から仏教教学の中に一の疑問を持ち、問題を持つてをつたのである。それは何であるか、即ち宿業といふことである。宿業とは何ぞや、宿業とは仏教の三世因果の解釈に要するある重要なる教義である、教理である、こんなふうに自分は習つて来た。またさういうふうに自分は聴いて来たのである。けれどもそれではどうも自分の心に済まされない。一体、そんな教義とか教理とかを以て自分の生活、自分の行動を解釈するといふことは何の意味もないものである。だから、どうしても宿業といふものは、教義とか教理ではなくて、何らかの意味においてもそれは事実でなければならないといふことについて、自分は数十年以来それを問題にしてきたのである。

然るに、自分は昭和十一年の十一月、或る所において何か話して居ります間に、突然として自分に一つの感じが生まれて来た。「宿業は本能なり」、かういふ叫びを聞いたのである。ここに至つて私の数十年の疑問といふものは一朝にして解決した。これは自分としては終生忘れることが出来ない。……〔宿業は本能なり〕。しかしながら、〔宿業〕といふ言葉は一応は死んだ古い言葉である、〔本能〕といふ言葉は生きた新しい言葉である。すなわち、一応死んだと思はれる仏教の専門の言葉を生きた現代語に翻訳することが出来た。と同時に、生きた言葉をもう一遍死んだと思はれる言葉に戻してみると、何かまだ、はつきりと分からぬけれども、一応死んだと思はれる古語は実は死んでゐないのであつて、此によつて、生きた言葉のなかに何かもう一つの内面的な深い意味をもつといふことを推察することができた。しかし、それが如何なる意義であるかといふことは、これを明瞭にすることはできなかつた（『同』第十一巻、七八～七九頁）。

では、曽我が「宿業は本能なり」と感得したとき、漠然とつかみながらなおはっきりと示すことのできなかった「内面的な深い意味」とは何か。それは、宿業とは、われわれが太古の昔からその中で生きてきた無限に深く広い生命の世界であるということであり、それは「感応道交」によって貫かれているということである。そのことに曽我は気づいて次のように述べている。

私は近ごろ、本能といふものをはつきり知らされたやうに思ふ。つまり、感応道交する力、それが本能であると私は了解してゐるのである。……吾々の本能といふのは感応道交する。吾々は生まれたときから、感応道交といふものを与へられてゐるんであります。……宇宙の道理、人生の道理は、感応道交で明らかになつて来る。感応道交によつて過去も知り、未来も知り、現在も知る。三世を知る所のその原理はどこにあるか。……感応道交こそは本能の内容である（『曽我量深講話集』第一巻、一七～一八頁）。

このように述べることで、曽我は、本願が宿業の大地、つまり、本能という大生命において現れ、はたらいていることに注目している。そして、次のように述べている。

仏の本願といふものは、その生命の中にある大生命でり、大原理であり、大精神である。……仏の本願は本能を貫き本能を超越してゐる。

本願は本能の深いところに根をもっているという。本願は本能の世界から、言わば「ハズミ」で出現してくる、と曽我はいう（『講話集』第一巻、一七頁）。本願は宿業の世界において現れ、宿業の世界において感得されるのである。曽我が「宿業は本能である」と捉えることで念頭に置いていたのは、本能のはたらく場所としての「阿頼耶識」のことにほかならない。

本願の大地性をイメージの形で捉えたものが法蔵菩薩である。それゆえ、親鸞は法蔵菩薩を「一切群生海の心」として、「この心微塵界にみちみちたまえり」と述べた。「一切群生海の心」とはまた、

「阿頼耶識」のことでもある。法蔵菩薩が「一切群生海の心」であるのは、本願は清浄な天上ではなく、穢悪汚染の集積せる宿業の大地に現れ、その汚れの中にあって、衆生に呼びかけてくるからである。衆生は汚れのただ中において、法蔵菩薩の清浄心に触れることで、その汚れが転ぜられるのである。

浄土真宗がこれまで、親鸞の回向の要を法蔵菩薩に焦点を当てて見定めてこなかったのは、先にも述べたように、回向という概念を「功徳をめぐらす」ことと捉えてきたからである。曽我の法蔵菩薩論は、そのことによって隠され、深く注目されることのなかった親鸞の回向の思想の要に光を当てようとしたものであった。言わば、顕の義を超えて隠密の義を明らかにしようとしたのである。

回向を、「功徳を振り向ける」ことと捉えるところでは、阿弥陀如来が超越者として衆生の世界の上を飛翔し、衆生より高いところに立って、衆生の上に功徳を振り撒くという感を拭い去りえない。そこには如来の恣意性の名残りが感じられてくる。しかし、回向が、阿弥陀如来が自己を否定して法蔵菩薩となり、「一切群生海の心」として衆生に呼びかけてくるとされるところでは、法蔵菩薩は全き真実心であり、純心であり、大悲心であり、回向心であることが感得されてくる。それゆえ曽我は、法蔵菩薩の心のそのような特性に深く注目した、親鸞の「三心一心問答」の「仏意釈」を取り上げて、次のように述べている。

仏意測り難し、しかりといえども竊かにこの心（一心＝一切群生海の心＝法蔵菩薩の心）を推するに、一切の群生海（衆生）、無始よりこのかた乃至今日今時に至るまで、穢悪汚染にして清浄の心なし。虚仮諂偽にして真実の心なし。ここをもって如来、一切苦悩の群生海を悲憫して、不可思議兆載永劫において、菩薩の行を行じたまいし時、三業の所修、一念・一刹那も清浄ならざることなし、真心ならざることなし。如来、真実の真心をもって、円融無碍・不可思議・不可称・不可説の至徳を成就したまえり。如来の至信をもって、諸有の一切煩悩・悪業・邪知の群生海に回施したまえり。すなわち、これ利他の真心を彰す。かるがゆえに、疑蓋まじわることなし。

……

しかるに微塵界の有情、煩悩海に流転し、生死海に漂没して、真実の回向心なし、清浄の回向心なし。このゆえに如来、一切苦悩の群生海を矜哀して、菩薩の行を行じたまいしとき、三業の所修、乃至一念一刹那も、回向心を首として、大悲心を成就したまえるがゆえに、利他真実の欲生心をもって諸有海に回施したまえり。欲生すなわちこれ回向心なり。これすなわち、大悲心なるがゆえに、疑蓋雑わることなし（『教行信証』「信巻」、『真宗聖典』二二五頁）。

曽我は親鸞のこの「三心釈」の描写の仕方に深い感銘を受けて、次のように述べている。この言葉は、前節でも取り上げたが、親鸞が法蔵菩薩をどのように捉えているかを示したものとして、注目すべきものである。

然るに信巻の三心釈を拝読すると、その神話的法蔵菩薩が正しく歴史的現実として描き出されてゐるといふことはまことに驚くべきことであり、又感激に堪えぬところである。実際信巻の三心釈の如きは古今独歩といふべきである。あの法蔵菩薩を、神話の如く『大経』には描かれ、伝へられてゐる法蔵菩薩を現在おいでになる仏として、現在の法蔵菩薩として聖人は感得してゐられる。そして、法蔵菩薩の内面、法蔵菩薩の御心を目に見へるやうに具体的に書き記されておられる。あゝいふ仏の内面、仏の御心を具体的に描写したといふあの手法は驚嘆に余りあるものである。これは他にないことである（『曽我量深選集』第六巻、六四〜六五頁）。

これまで、曽我が親鸞の回向の思想の要を法蔵菩薩の上に捉えたゆえんを探ってきた。回向とは、如来によって外から回施された功徳を有り難く頂戴するというような漠然としたことではなく、如来が法蔵菩薩、つまり、一切群生海の心となって、群生海の限りなき深みに降りて、そこから十方衆生の一人ひとりの心に呼びかけてくることである。曽我はそこに法蔵魂を捉え、その法蔵魂を見失うとき真宗は滅びると述べた。そう述べることで、曽我は回向の要がどこにあるかを見定めるよう注意を促したのである。「宿業は本能である」や、「法蔵菩薩は阿頼耶識である」という曽我の有名な命題もそのことと結びついている。すなわち、阿弥陀如来が法蔵菩薩となって、衆生の宿業の世界のただ中に現れるというところに回向の要があり、回向が表現であるゆえんを明らかにしたのである。

鈴木大拙の浄土仏教観——本願と回向——

この連続講演では、鈴木大拙の「仏教における浄土教理の発達」というテキストを取り上げ、大拙が浄土仏教、とくに親鸞の浄土真宗をどのように理解したかについてお話しさせていただきたいと思います。

教理の話となるといきおい理屈っぽくなり、聞くことに我慢と忍耐をおかけすることになるのではないかと惧れますが、悪しからずお許しください。まず、この書の成立から見たいと思います。

1、大拙と浄土仏教との関わり

大拙は、青年期に今北洪川につき、洪川亡き後、釈宗演のもとで禅の修行をして見性を得ており、一般には「禅の人」と見なされていますが、周知のとおり、浄土仏教についても大きな関心と深い理解をもち、とくに晩年に至って、浄土仏教の「名号」や「本願」について透徹した思索をめぐらしています。『浄土系思想論』や『日本的霊性』は大拙の晩年の浄土仏教についての理解をあらわしたものです。そして、最晩年には『教行信証』の英訳をしています。これによって、大拙の浄土仏教における仕事は不朽の意義をもつものとなったといえます。

『浄土系思想論』と『日本的霊性』は、浄土仏教に関する大拙の二大著作ですが、前者は一九四二年に、後者は相次いで一九四四年に刊行されています。それらにおいて、大拙は、浄土仏教の根幹をなす「本願の思想」を「日本的霊性」と捉え直し、それが親鸞においてどのように深められ、生きられたかを追究しています。この二大著作は本講座でもすでに取り上げられておりますので、ここでは、「仏教における浄土教理の発達」を取り上げ、そこで、大拙は浄土思想をどのように捉えたかを見ることにしたいと思います。この書はこれまであまり取り上げられてはおりませんが、大拙の浄土仏教理解の骨格を示すもので、重要なものと思います。

大拙はこの書を、先の二つの著作の約二十年ほど前の一九二五年に書いています。これは『イースタン・ブッディスト』に英語で発表されたものですが、和訳されて、他の諸論とともに『日本仏教』という一冊の書にまとめられたものです。しかし、これは小冊子ながら、内容の深さと密度において、先の二大著作に匹敵するといいうると思います。

ところで、大拙は何時頃から浄土仏教に関心を抱いたか。それはかなり早い時期に溯ります。大拙が十二年に亙る、最初の渡米生活から帰国したのは一九〇九年で、その翌年の一九一〇年に、佐々木月樵との共著でPrincipal Teaching of the True Sect of the Pure Land（『浄土真宗要抄』）を書き、その翌年に、浄土仏教に関する最初の論文『自力と他力』を書いていることから考えますと、大拙が浄土仏教に関心をもったのは四十歳前後だと思われます。しかし、浄土教に関する大拙の領解の根本ないし核心を示しているものは、それから十五年後の一九二五年（五十五歳ころ）に『イースタン・ブッディスト』に発表された、この「仏教における浄土教理の発達」です。

この論文は、浄土仏教について多くを知らない外国人の読者に向けて書かれたもので、簡潔でわかりやすく書かれていますが、そこで大拙は、旧来の浄土教義の専門家たちの伝統的理解を踏まえながらも、それにとらわれることなく、自らの宗教的経験と仏教に関する広く深い知識に基づいて、浄土教理の要となるところを大胆に、そして直截に表明していて、学ぶところの多いものです。

2、仏教史の最も重要にして本質的な問題

大拙がこの論文で示そうとしたことは何か。それは、浄土仏教の根幹に置かれている「弥陀の本願」の思想は釈尊の正覚とは無関係に、弟子たちによって後から捏造されたものではなく、もともと釈尊の正覚の深みにあったものだということです。そのことは仏教史の当初においては認識されなかった。けれども、仏教史とは、そのことが次第に自覚されてくるに至った過程である、つまり、仏

教史とは、正覚の表面を覆っていた瓦落多なもの、非本質的なものが取り除かれ、脱皮されてゆくなかで、正覚の中に潜んでいた本質的なものが自覚され、展開されてきた過程を示すものである。そのようにして正覚の中から自覚されてきたものが浄土仏教の「本願」である。本書において、大拙は、そのような大胆な考えを提示しています。

大拙はそのことを、「原始仏教又は仏陀自身の人格・言行の中から、一体、どの程度の浄土思想が演繹できるのか。云ひ換えると、原始仏教や仏陀の人格・言行の中には、どの程度の浄土思想があったのか」（『鈴木大拙全集』第十一巻、三五二頁）という疑問の形で提示し、この疑問は、「仏教史の中で最も重要にしてかつ本質的な問題の一つであろう」（同）と述べています。

ではなぜ、この疑問が仏教史の中で最も重要で本質的な問題なのか。それは、仏教史はこれとは反対の方向に捉えられ、理解されてきているからです。仏教史では、浄土仏教はもともと釈尊の正覚になかったもので、仏教の本質から外れたもの、退落したものとされています。それに対して、大拙が主張するのは、それとは逆に、釈尊の正覚にあった本質的なものが現れてきたのが浄土仏教だということです。では、どうしてそのようなことがいいうるのか。

仏教はその全歴史を通して常に正覚の宗教であり、解脱の宗教であった。これは決して見失われてはならない仏教の基本的な性格です。仏教は、釈尊の正覚を基点に置き、無明から目覚め、空や絶対無を悟って、解脱をうることを目指す、徹底的な自力の宗教であった。ところが、そのような仏教の中に、「阿弥陀仏」や「浄土」や「本願の信」による救済を第一原理とする浄土仏教が登場してきた。しかし、これは釈尊が説かなかったものであり、釈尊の正覚とは無関係なものである。したがって、浄土仏教は、仏教の本流から外れたものであり、仏教以外の異なった伝統、西アジアの宗教伝統、イランのゾロアスター教のミスラ神、太陽神の影響を受けて発展してきたもので、仏教の正しい発展のコースから外れたものである。浄土仏教はそのように見られてきたし、今もなおそのように見なしている仏教学者は少なくありません。

このような見方の中に置かれると、浄土仏教徒は自らの素性にいかがわしいものを感じて、ただひたすら謝り果てているしかないことになりますが、大拙は、そのような浄土仏教の見方は仏教の正しい理解ではないといいます。大拙は、浄土仏教は果たして仏教の正統から外れたもの、あるいは、本質から退落したものなのであるかを問い直して、次のように主張します。「浄土教義の形成には何か歴史的なもの或は神話的なものが寄与しているかもしれぬが、思想そのものは仏陀の正覚と人間の魂の永遠の願ひの中に潜んでゐたもので、浄土教義はそこから発生してきたものである」（『同』、三九〇頁）と。つまり、浄土仏教は釈尊の正覚の内にあって、隠されていたものが成長して表に現れてきたものである。そういうわけで、大拙は、本書の始めにおいて、「釈尊の正覚にどれだけの浄土思想が含まれているか」、「釈尊の正覚からどの程度の浄土思想が演繹できるか」という疑問は仏教史の最も重要で本質的な問いの一つだと述べるのです。

3、大拙の問いの出し方

注目すべきことは、大拙のこの問いの立て方は極めてラディカル（過激）なものだということです。ラディカルというのは、相手の批判や攻撃に直接答えるのではなく、それを逆さにとって相手の胸元に突き返すというやり方です。浄土思想はもともと「釈尊の正覚」にはなかったものだというなら、そのように批判する者に対して、大拙は、では「釈尊の正覚とは何か」と問い返すのです。そのように、自分の足元を突つかれると、そこに立って他を批判していた者は足場が崩れてわけがわからなくなる。このような問答の仕方は大拙の真骨頂ともいうべきもので、そのように突っ込まれると事態の眺めが変わってきます。大拙の「即非の論理」もこのような問い方を根本に秘めているといえます。

原始仏教徒は釈尊の正覚の内実を四諦や縁起に捉え、それを正覚の核心をなすものとして、そこから浄土仏教を批判してきたのですが、大拙は、原始仏教徒は果たして釈尊の正覚の中心をつかんでいたのかと問い返します。むしろ、原始仏教徒は「正覚とは何か」を真に自覚的に掘り下げず、正覚を単に四諦八正道や十二支縁起に捉えることで満足して、正覚の全容を余すところなく抽きださなかったのではないか。そのために、浄土仏教を仏教でないとして、仏教の外に追放することになったのではないかというのです。

原始仏教徒がつかんだのは釈尊の正覚の表層にすぎなかったが、その正覚の深みに沈潜して、そこに潜んでいた生き生きとした霊性をつかんだものが浄土仏教である。浄土仏教は、釈尊の正覚の深みに秘められていた霊性的本質を自覚にもたらして、これを本願と捉えたのである。ところが、原始仏教徒には、正覚の深みが見えなかったため、それをつかんだ浄土仏教を、逆に仏教でないものとして、仏教の外に追放することになった。これが、大拙が「正覚とは何か」というラジカルな問いをぶつけることで現し出した、浄土仏教の基本的な姿です。いいかえるなら、浄土仏教の根幹をなす本願の思想は、釈尊の正覚に根差すものであって、それは、釈尊の正覚の深みから発展し、展開してきたものだというのであります。

では、原始仏教が、釈尊の正覚の表層だけを捉えることで満足したのはなぜか。それは、原始仏教徒が釈尊の正覚を真剣に追究せず、中途半端にしか捉えなかったからだと大拙はいいます。それはどういうことかというと、原始仏教徒は、正覚を無明から覚めることと捉えたということです。しかし、正覚とは単に無明が晴れることではない。無明が晴れることは正覚の消極的条件にすぎない。正覚とは、無明によって抑圧され、ねじ曲げられていた人間の真の欲求、衝動が解放され、人間の真の希求が目覚めてくることである。そうすると、無明の除去とは、正覚が出現してくるのを覆っていた障壁が取り除かれることであり、正覚が成立するための条件にすぎない。それなのに、原始仏教徒は、正覚の条件にすぎないその否定的・消極的な側面を正覚そのものと捉えてきたのである。したがって、正覚は単に無明の除去というその消極面において捉えられてはならず、無明が取り除かれることによって、それまで覆われ抑圧されていた意志の自由、根源的な衝動が出現してくるという、その積極的な面において捉えられなければならない。原始仏教は、無明の除去という消極面を正覚そのものと見なしたために、正覚の内実を四諦や十二支縁と捉えることで満足し、その深みを掘り下げることをしなかった。そのために、正覚は無内容で、抽象的なものとなってしまった、と大拙はいうのであります。

そういうわけで、大拙は次のようにいいます。正覚とは、「事物のありのままの相（tathata）を単に知的に外から眺める直観（つまり、縁起の理法を観察する）というふうに解せられてはならないのである。……正覚の実質はさういふものではなく、自主的な創造力がそこから出て来るものであり、本願がその中心にあって、その中に本来潜んでゐた自然の独創力が、そこから湧き出て来るものなのである」（『同』二七六頁）。正覚とは、無明の除去ではなく、無明の除去によって、「これまで、人間存在の最も深いところに潜んでいた衝動が覚醒してくること」、「慈悲という感情の泉が湧き出てくること」です。それは、「自主的な創造力がそこから出てくること」、「自然の独創力がそこから湧き出てくること」です。そこに正覚の積極的な面があります。そして、その正覚の積極的な面を「本願」としてつかんだのが浄土仏教です。こうして、大拙は次のようにいいます。「大乗仏教の本質が、仏陀の正覚の底深く潜んでいた広大無辺の大慈悲心を挙揚し、その大慈悲心をして知的分別の狭隘な自殺的限界を突き破って湧きださせることにあるとするならば、弥陀の本願を信ずるとは、すなわちこの大慈悲心をしっかりと握ることにほかならないのである」(『同』三九一頁)。

仏教において正覚は「空」と捉えられてきました。しかし、空とは何か。それは「絶対自由」の世界です。それは、そこから「自主的な創造力」、「独創力」、「広大無辺の大慈悲心」が湧き出てくる無限な深淵であって、そのようなものとして空とは、如来の絶対自由の境涯にほかなりません。その空としての如来の境涯を、浄土仏教は深くを見つめ、その深みに「弥陀の本願」を捉えたのであります。

そういうことから、大拙は本論の最初において、「凡そ宗教の歴史的発展といふものは、……表面的には非本質的なものの脱皮にあり、本質的にはそれぞれの宗教の開祖の言行および人格の中に隠れてゐる最も生き生きとした霊性的本質の顕現と、その絶えざる成長とにある」(『同』三五二頁)と記したのであります。

4、初期仏教思想に含まれた浄土思想

浄土思想は、釈尊の正覚において捉えられ、その底に秘められていた根源的衝動を自覚にもたらしたものだ、というのが大拙の基本的な考えであります。しかし、そう言うには、その根拠が示されなければならない。そこで大拙は、初期仏教思想の内に浄土仏教の出現を[暗示]するものを探り、それを、(1)倫理的・神話的要素、(2)形而上学的要素、(3)宗教的要素、(4)心理的要素、(5)歴史的要素の五

つの要素に分けて取り出しています。そのすべてを見ることはできないので、ここではその中から重要と思われる、形而上学的要素、宗教的要素、歴史的要素の三つを取り上げて考察してみたいと思います。

それら三つの要素において大拙が注目しているのは、具体的には「本願」と「回向」と「阿弥陀如来」です。大拙はそれをどのように捉えているでしょうか。

(一) 正覚の形而上学的要素としての本願の思想

大拙は、釈尊の正覚に秘められている本願を、正覚の「形而上学的要素」と名づけて、次のようにいいます。

仏陀が悟りを開いたとき、彼の経験したものは、非常に高い意識情態であつた。それは一般の人間にとつてはとても到達不可能に思はれるくらゐのものであつた。彼は、その高い意識情態において、瞬間、世界と自己との無差別状態を経験したのである。彼は……悟りは常識的な知性や悟性の範疇を遥かに超へたものであり、その点からいへば、このまばゆいほどの悟りの高みに人を導き上げやうとすることは不必要なことだといふことをよく知つてゐたのである（『同』三七四頁）。

それと同時に、

彼の心の中には彼を突つついて更に進ましめ、世の塵に交はつて、必要ならばあらゆる方便工夫をつくしてでも、人間をして生の真の意味に到達させようとする何ものかがあつたのである。仏陀をして悟りの自己安逸的鬼窟裡に沈ませない衝動力があつた。いつたいこの衝動力とは、何であつたか（同）。

といっている。

大拙はここで、釈尊の正覚の高い意識状態の底に秘められていた根本衝動について語っています。それは一般には、「梵天の勧請」という説話で語られているものです。釈尊は成道に至って悟りを開いたが、その内容はあまりにも高度のものなので、人に語っても到底理解されるものではないと考えて絶望し、沈黙のままに示寂せんと考えた。そこへ梵天が現れて、あなたは悟ったといってもこれまで何もしていないではないか。その悟りの内容を人に説く仕事が残っているではないか、それを語らないでどうすると頼んだ、あるいは叱った。これが梵天の勧請で、その勧請を受けて釈尊は説法に歩み出たといわれています。

しかし、この説話で語られているこの梵天の勧請とは、実は釈尊の正覚そのものの中に含まれていたもので、釈尊はそれを自らの正覚の底に聞きとったのです。釈尊の正覚の内には、悟りだけではなく、その悟りを人々にも説かねばならないという衝動力が含まれていて、それが正覚の根本をなすもの、形而上学的要素だとして、大拙はそれを本願として捉えるのであります。

こうして、大拙は、「仏陀の悟りの意識の中には、初期の仏教徒が想像し分析したよりももっと深い或るものがあつたといへるのである」（『同』三七五頁）として、釈尊の正覚の底のこの衝動力を、自覚の光に上げ、本願として捉えたのが浄土仏教だといいます。したがって、本願の思想は最初から正覚そのもののなかに、正覚の内容としてあったのであって、一般に理解されているように、正覚に後から付け加えられて、正覚を駄目にしたものではない。むしろ、初期仏教は、正覚に含まれているこの根本衝動を取り逃がし、葬り去ることで、正覚を抽象的で貧しいものにしている、と大拙はいうのであります。

釈尊の正覚の深まりの境地は、「涅槃」と捉えられています。涅槃とは「悟りの休息状態のなかに眠り去る」ことですが、釈尊の正覚はそこに止まらないで、それを突き抜けて進んだ。それが「無余涅槃」です。その無余涅槃の内容をなすものは、愛と同情と無我と柔軟心、つまり大慈悲心です。仏陀は悟りにおいて、悟りの休息状態に眠りこもうとする誘惑を感じたのですが、その誘惑を突き破って、その底にはたらく強い生命力を見いだした。それが正覚の実質、もしくは本質をなすものであって、大拙は、それを正覚の「形而上学的要素」として本願と捉えるのであります。

正覚の本質をなす形而上学的要素とは、悟りの休息を破って進もうとする衝動力、生命力、大慈悲心ですが、それを「本願」と捉えて自覚の明るみにもたらしたのが浄土仏教です。したがって、「仏教が仏陀の悟りの内容を余すところなく思想化する」べきであるなら、当然、本願の思想が出てきてしかるべきである。「無明の消滅を意味する正覚は、ただに人間の知的能力を解放するのみならず、又、人間のもつ最も高貴な情感の力をも解放するものにちがひないからである」（『同』三七五頁）、と大拙はいいます。

本願は、釈尊の正覚の深みに見いだされた根本的欲求、ないし衝動ですが、それは実は、一切の人間の心の中に深く潜在している根本的な欲求であり、根源的願いです。ただし、人間はそれを自分の力で捉えることはできず、釈尊の正覚を介して初めて自覚にもたらすことができた。したがって、その衝動は人間の内にあって人間を超えたものといわねばならない。釈尊は人間の内にあって人間を超えた衝動を「弥陀の本願」として、人間に先駆けてつかんだのであります。そういうわけで、「人間の心の奥底にあるこの深い感情にはけ口を与えることができたといふことは、仏陀の偉大な功績にちがひないが、ただ、この本願の感情は仏陀の専有物ではないのだといふ事実を忘れてはならない」（『同』三八二頁）、と大拙はいいます。もし、本願が阿弥陀だけにあって、われわれにないとしたら、阿弥陀が呼んでも、その呼び声に応ずるものがなくなり、弥陀の本願はわれわれを引き付けるものではなくなり、本願はわけのわからないものになる。そういうわけで、「我々は阿弥陀の呼び声を聞いたと思ふとき、実は無始以来我々の心の中に植ゑつけられてゐた我々自身の願ひを聞いたといふことになるのである。然し、さういふ願ひの存在を指摘して、それに名をつけたのは阿弥陀であるから、阿弥陀はやはり我々の救済者だといはなければならない」と大拙はいいます。

こうして大拙は、本願を正覚の「形而上学的要素」、つまり、その本質、もしくはWesenであるというのですが、「正覚の本質は本願である」という大拙のこの言葉を聞いて首を傾げる人、びっくりする人、あるいは怒り出す人があるかもしれません。なぜなら、正覚とは「さとり」であり、縁起の法を知って一切が空であると覚って、無明から「めざめ」ることである。それなのに、正覚の底に、空とか絶対無ならまだしも、本願という得体の知れないものをもってくることは、釈尊の正覚から外れて、もとの無明に逆戻りすることではないか。こう考える人がいるはずです。しかし、そう考える人は、理論上そう考えるのであって、正覚の経験から考えているのではない。そのような人は釈尊の正覚を初めからこうだと頭で決めつけ、固定しているのであるから、正覚を逆に歪めているのである。「正覚とは何か」を問う大拙のラディカルな論法からすると、こういう帰結が導かれてくるのであります。

(二)　正覚の宗教的要素としての回向

大拙は、正覚の「形而上学的要素」に次いで「宗教的要素」ということをいいます。では、正覚の

「宗教的要素」とはどういうことか。大拙は、正覚の「形而上学的要素」ということで、正覚のWesen（本質）を指していたのですが、その正覚のWesenである「本願」が日常生活において実際にはたらきだすことを「宗教的要素」と名づけて、それを「回向」と捉えるのであります。そのことに関して、大拙は、「本願がわれわれの日常生活のうちにはたらくためには、更にもう一つの要素が必要であり、それが回向ということである」と説明しています。つまり、大拙は正覚の「宗教的要素」として「回向」を捉えているのであります。

そうすると、大拙はこの形而上学的要素と宗教的要素ということで、西洋哲学の言葉でいうなら、本質（エッセンチア）と実存（エクジステンチア）、つまり、正覚の本質ということで「本願」を、その本願が現実にはたらくところに「回向」を捉えているといえます。本願が衆生の世界に現れてはたらくことを「回向」と捉えるのです。釈尊の正覚にそういう「回向の思想」が潜んでいて、そこから必然的に出てくると大拙は考えるのです。

ところで、「回向の思想」は仏教でどのように捉えられているかというなら、それは因果応報や自業自得という「業報の思想」の対極をなすものとされます。業報の思想は、一切を自己の責任とするものであって、その自己責任の重圧のもとに人間を圧殺する救いのないものでした。そのような業報の必然性に支配された世界にあって、それを打ち破り、乗り超えんとする根本的要求が人間の内にある。「業と因果律に支配されながら、尚それに満足せず、それを否定し、それを乗り越えて、別世界を求めようとする衝動が、人間の心の底にはあるのである。……この衝動が回向という形で我々の間に現れてくるのである」（『同』三七八〜三七九頁）と大拙はいいます。

自業自得、自己責任という業報の思想のもとでは、人は他者を助けることはありえないし、また、他者からの助けを期待することもできない。そこでは、人々は分離し、絶対の孤独の島のなかに閉じ込められています。しかしながら、人間の内には、自分のことは差し置いて、他者のために自己を捧げ、犠牲にしようとする欲求ないし、衝動があります。それは人々と共にという精神をその根本にもっています。その欲求が「回向の思想」という形をとって現れてきたのですが、大拙はそれを、釈尊の正覚の底に潜んでいる「宗教的要素」と名づけるのです。

こうして大拙は、「本願の思想」と「回向の思想」とを浄土仏教の根本的な二つの要素として、それが正覚の深みに潜んでいると捉えるのですが、大拙の次の言葉を見ると、この二つの要素は実ははっきり区別できないと言わねばなりません。「本願も実はこの回向ということの上に打建てられるのである。回向思想の形而上学的妥当性は、正覚そのものの内容として、正覚の中にあるのであつて、逆にいふと、回向といふことは、正覚意識からおのづから流れ出て来る実践なのである」（『同』三八〇頁）。この言葉においては本願と回向はほとんど同じものと見なされているとさえいえます。実際のところ、本願が衆生の世界においてはたらくことを「本願力」というなら、そこでは本願と回向は一つのものであります。

(三) 正覚の歴史的要素としての永遠の仏

大拙は正覚の重要な要素としてさらに「仏陀の入滅」を捉え、これを「歴史的要素」と名づけています。ここで、正覚の底に「阿弥陀仏」の観念が生じてくることになります。

大拙は、「仏陀の入滅」が浄土仏教の出現、とりわけ阿弥陀仏の出現に決定的な意味をもっているといいます。「彼が入滅したとき、弟子たちの悲歎は非常なものであつた。……この事実の中に、後期の仏教思想の発達と重要な関係をもつ事柄が潜んでゐるのであり、且つ又、仏陀の生涯中で起つた最も意味深い事柄があるのである。この点からいふと、仏陀の入滅は、全仏教にとつて並々ならぬ意味をもつものである」(『同』三八五頁)と大拙はいいます。つまり、仏陀の死は、弟子たちに「仏陀とは何であったのか」を真剣に考えさせ、そこから「永遠の仏」という観念を生じ、それが現実の仏を捉え直すよう促したということです。

仏陀の入滅の悲しみの中で、弟子たちは次のように考えるに至った。すなわち、仏陀は、われわれ凡夫が死ぬように死んだのではなく、実は不滅となり、永遠の仏となったのである。そして、現実の歴史的仏陀はこの久遠の仏、永遠の仏の現れと考えられるに至った。「彼らは今や釈迦族の王子ゴータマを永遠の仏……われわれに正覚を得させるために、また業の束縛からわれわれを解放せんがために、あるいは請い求めるものがあれば、その人を安養浄土へつれていかんがために、一時この娑婆世界に降り、彼らの間に姿を現した永遠の仏……と考へるやうになつたのである」(『同』三八六頁)。

ここに、「永遠の仏」、あるいは「久遠の仏」、つまり、「法身」が「報身」や「化身」や「応身」など様々に姿をとって地上に現れるという「仏身観」が生じ、そのようにして、釈尊の正覚から浄土仏教が生じてきたのであります。これは、仏陀の入滅を介して生じた事柄ですから、やはり、釈尊の正覚の内にその要素として潜んでいたといわなければならないわけです。この「永遠の仏」という考えから、阿弥陀如来という報身、法蔵菩薩という化身、釈迦という応身が現れたと考えられるのであります。

こうして、仏陀の入涅槃をめぐる、初期の仏弟子たちの経験と思いのなかに、浄土仏教の種子が蒔かれていたと捉えられるのであって、これが、釈尊の正覚から浄土仏教が生じてきたことを歴史的に説明するものなのであります。

5、涅槃の仏教から本願の仏教の出現

以上、釈尊の正覚から浄土仏教が演繹しうるとする、大拙の分析を通して見てきたのですが、このように、釈尊の正覚の深みを掘り下げてゆくとき、仏教はその性格を変えてきます。「自力的であった仏教」は「他力的」になり、「涅槃の仏教」は「本願の仏教」に、「小乗仏教」は民衆的な「大乗仏教」になり、「正覚の宗教」は「救済の宗教」になります。このようにして、大拙は、浄土仏教の成

立を、釈尊の正覚から跡付け、「原始仏教、または、仏陀自身の人格・言行の中から、一体、どの程度の浄土思想が演繹できるか」という、「仏教史の中で最も重要にして、本質的な問題」に回答を与えるのであります。

しかし、ここで忘れてならないのは、このようにして導かれた「救済の宗教」は、実は「信仰という衣装を着た正覚」にほかならないということです。あるいは、「阿弥陀仏の本願の信」ということは「阿弥陀仏の正覚」にほかならないということです。「原始仏教の自力的正覚の教え」は、阿弥陀仏を信じることによって、その正覚を「阿弥陀仏から得させてもらう」という他力的な形をとるのだということです。

こうして、大拙が展開する論究は、浄土仏教は仏教ではないと主張する人々やまたその立場から仏教研究を進めている人々に対して、そしてまた、自らの立つ根拠を明確に自覚していない浄土仏教徒に対して反省を促すのであります。

最後に、そこで大拙が示している浄土観を見ておきたいと思います。

6、大拙の浄土観

大拙の浄土の見方は、浄土教の伝統的な浄土観からは隔たっているといわねばなりませんが、浄土についての一つの徹底した見方を示しており、親鸞の捉えた浄土がこれであると思います。そのポイントとなるところをを示しておきたいと思います。

一、仏教は、正覚を得て涅槃を証することをその究極の目的としています。ところが、浄土仏教では、「浄土往生」に重点が置かれ、浄土に生まれること、つまり往生することが浄土教信者の究極の目的であると考えられてきました。そして、その点において、浄土仏教は仏教とは異なると見なされてきたのであります。しかし、大拙はそのような浄土観を否定します。

浄土仏教において、往生、つまり浄土に生まれることがいわれるのは実は、往生が目的ではなく、正覚を得ることが目的なのであって、往生はその手段であり、方便である。その意味で、浄土仏教は、正覚を得ることを主眼とする仏教の本流に連なっていると大拙はいいます。親鸞が浄土真宗として捉えた仏教は、このことを明らかにしようとしたものなのであります。

では、浄土仏教の究極の目的が正覚を得ることにあるなら、なぜ正覚を得ることに直接向かわないで、浄土に往生するという迂回路をとるのか。それは、人間が身体をそなえ、大地に生きる存在であるからです。人間は娑婆では真の正覚は得られないので、正覚を得るために、まず浄土に往生しなければならないということに浄土仏教は注目するからであります。人間はどこにいても安らかな心境を得るというわけにはいかず、安らかな心境を得て落ち着くには、静かで、美しく、清らかな国土や場所に住むのでなければならない。正覚を得て涅槃を証するためにはまず、浄土に生まれるのでなければならない、そのことに注目したところに、仏教における浄土仏教の固有性と独自性があります。したがって、浄土仏教が浄土に生まれることを重視するのは、そこで正覚を得るためであって、浄土に生まれるのはそのための手段にすぎないことを見失ってはなりません。正覚と往生とのこのような密接な関係を明らかにした仏教を、親鸞は浄土真宗と捉えたのであります。

二、このように見るなら、往生と正覚獲得との間には時間的な距離があって、浄土に往生してから正覚を得るように思われます。しかし、大拙は、理屈の上ではそう考えられても、体験的には両者は一つだといいます。浄土に往生することが即正覚を得ることであって、手段は目的と結びついており、体験の上では両者は同時だといいます。

では、浄土に往生して正覚を得るとどうなるか。浄土から直ちに娑婆に戻ってくることになると、大拙はいいます。浄土に往生して正覚を得るということは、正覚の内実である大慈悲心に触れることであって、浄土という安楽な場所に止まることではない。大慈悲心に触れるなら、浄土に往生するという上昇運動は、ただちに、正覚の内容である大慈悲心をこの娑婆ではたらかすという下降運動になるのでなければならない。浄土往生は直ちに娑婆への還帰になる。そういうわけで、大拙は、浄土へ往ったものは、そこに滞らないで、浄土を両脇に抱えて直ちに娑婆に戻ってくるのでなければならいといいます。これが浄土仏教の思想的根底をなすものであるとして、大拙は次のようにいいます。「浄土教的宗教の思想的根底は実にこのやうな体験の往還性にあるといつてよい。この点から見ると、浄土教はやはり仏教思想の常道を歩むものである。仏教においては常に正覚といふことがその本質的主題なのであつて、これは仏陀への教への隅々にまでゆきわたつてゐる思想なのである」（『同』三九二頁）。大拙が浄土仏教に関して強調するのはこのことです。そして、往生即成仏（正覚獲得、涅槃）ということを示すのが、浄土仏教の往相・還相の二種回向だというのであります。

大拙のこの浄土観は極めて徹底したものであって、伝統的な浄土仏教では必ずしもすんなりと受け容れられているとはいえないようですが、浄土に生まれて正覚を証することが大慈悲心に触れることであるということをしっかり踏まえるなら、浄土から娑婆に立ち還り、娑婆で休む間もなく働くのでなければならないという大拙の考えは、必然的に生じてこなければならないのであります。

三、もし、浄土に往生することがそこで如来の大悲心に触れることと捉えないで、浄土に往生すること自体が浄土教徒の唯一の目的であると考えるとどうなるか。浄土へ行って何もせずにブラブラ過ごすとなると、浄土は極めて退屈なところになる。何の苦労もないような場所は楽しくもなんともない。浄土に地獄がひょいひょいと紛れこんでこないと、浄土は楽しくはない。浄土にヒューマニティのはたらく場、苦労する場がなければ、われわれはそういうところに用はないと、大拙はいいます。

そういうわけで、浄土に往生して正覚を得たなら、ただちにこの娑婆に還ってきて、娑婆が一歩でも浄土に近づくように獅子奮迅の行をするのでなければならない。ここに還相回向という思想の意味があると大拙はいいます。還相回向とは、浄土から娑婆に還ってきて、浄土で得た功徳を他の人々に分かち与えることです。

四、浄土とは、そこに留まって無為に過ごすところではない。浄土は人間の意志を滅却し、人間性の発露を鈍らし、それを眠らしてしまうところであってはならない。逆に、本願の意志を再高度に発動せしめる場所でなければならないと大拙はいいます。

還相回向の思想はよくこの間の消息を伝えています。還相回向とは浄土から娑婆に降りてくることですが、それは嫌々ながらそうするのではない。菩薩は、浄土には自分の能力をはたらかす場所がないので、地獄に下っていきたくなるのだと大拙はいいます。菩薩は嫌々、地獄に下りるのではなく、下りたくなるのだという考えはいかにも大拙らしいものですが、菩薩はやはり、喜んで娑婆に下りてくるのでなければならないと思います。

浄土仏教では、法蔵菩薩は、衆生の面倒を見たくないけれども仕方がないのでまとめて面倒見ようという具合に自らを犠牲にして娑婆世界に嫌々下りてきた一大悲劇の主人公のように受け取る向きもありますが、それは法蔵菩薩をあまりにも人間的に捉えているのであって、法蔵菩薩はやはり嫌々ではなく、よろこんで娑婆に下りてくるのでなければなりません。

五、『浄土経典』では、浄土は西方十万億土の彼方にある楽園のごときものとして描かれ、死んでそこに往生するのだと考えられています。しかし、浄土は正覚を得るための方便なのだから、浄土は経典に説かれている通りの形で客観的に存在するか否かは実はどうでもよい。そういうわけで大拙は、「経典に描かれているやうな形の浄土は存在しないのかもしれないが、浄土教の本質である阿弥陀の本願だけは、その力を永遠に持ち続けるにちがひない」(『同』三九五頁)といいます。何故なら、本願は正覚の内実と直結しているからです。「実際は、浄土の有無ということより、むしろ成正覚ということこそ、他力念仏易行道の目標なのである」(『同』三九六頁)と大拙はいいます。それゆえ、正覚ということに重点を置かず、厭離穢土、欣求浄土ということを前景に押し出すなら、どうしても正覚がお留守になってしまうので、浄土仏教のこういう傾向は浄土教義の発達にとってもよくないと大拙はいいます。

では、浄土が客観的に実在する場所ではないとするならば、浄土とはどういうところか。大拙は、それは阿弥陀如来の正覚の光に照らし出された世界であるといいます。つまり、矛盾と不平等で出来上がっているこの世界の上に投げかけられた正覚の影が浄土である。したがって、浄土はこの世界と別にあるのではない。正覚の光に照らされると、この世界のあらゆる存在がその意味、姿を変えてくる。そのような正覚の光に照らされた場所が浄土である。

したがって、浄土とはこの世界を離れて、どこかに客観的に存在するものではない。この世界が変貌したもの、この世界の眺めが変わったところが浄土です。浄土はまさにわれわれとともにここにあるのであり、この世が正覚の光に照らされたところが浄土なのである。そういうわけで、浄土はこの矛盾と苦悩の世界の外に求められるべきではない。浄土をこの世界と離れた別世界として、死んでから行くところと考えると、浄土はわけのわからないものになると大拙はいいます。この世に阿弥陀如来の光が射してきて、この世界の眺めが以前とは異なって見えてくるところに浄土があります。阿弥陀如来の光に照らされたところが浄土です。それはこの世とあの世を共に包んでいる広大無辺の世界です。

それゆえ、私たちが心すべきことは、この世において阿弥陀如来の光に出会うことです。浄土はそこに到来している。大拙は、浄土をこのように捉え、浄土は阿弥陀如来の影であり、その阿弥陀如来は釈尊の正覚の深みに自覚されたものであるといいます。こうして、大拙は、浄土仏教は釈尊の正覚に根差すものであり、仏教の本質的なものをつかんだものであって、仏教の本流に根差すものであるというのであります。

親鸞の回向の思想――一切群生海の心としての法蔵菩薩――

1、回向の概念

回向は親鸞の思想の根幹をなしているが、親鸞は『教行信証』をいきなり、「謹んで浄土真宗を案ずるに、二種の回向あり。一つには往相、二つには還相なり」という書き出しで始めているため、親鸞の回向思想は二種回向をめぐって論じられるのが通常である。しかし、二種回向とは何かについて論じる前に、回向とは何か、そして、親鸞において回向はどのように理解されているかを明らかにしておかねばならない。

回向のサンスクリットの原語はパリナーマナ（pariṇāmanā）であり、「転変すること」、「形を変えて現れること」を意味する。この言葉は日常生活においても用いられて、牛乳がヨーグルトに変ずるように、あるものが熟して別のものに転ずることを意味する。この語は哲学的思弁の領域においても用いられ、例えば「唯識」において、「識の転変」(vijinana-parinama)のことを指す。すなわち、阿頼耶識において、種子が現行に転じ、現行がその薫習を残して種子に転ずることがパリナーマといわれる。この「パリナーマ」という語が「回向」と漢訳されて仏教に取り入れられ、やがて大乗仏教の中心を占める概念になったのである。そこにおいて、回向は、「自らが修めた功徳を他者のために振り向けること」、あるいは、「自らが修めた功徳を他の目的のために振り替えること」という意味に固定して用いられることになった。

回向という言葉は多様な意味で用いられているが、梶山雄一はその多様で複雑な用例を整理して二つに纏めている。一つは「方向転換」の回向であり、もう一つは「内容転換」の回向である。方向転換の回向というのは、「本来ならば、自分にしか返ってこないはずの自分の善行の功徳を、方向を変え、他人に回らし与える」(『梶山雄一著作集』第六巻「浄土の思想」、二五〇頁)ことである。これは「衆生回向」といわれる。

それに対して、「内容転換」の回向とは、「自分の為した善行の功徳を、自分の幸福というような世間的なものに成熟させるのではなく、質を転換して出世間的なさとりのためのものとする」ことである。これは「菩提回向」といわれる。

そこで、簡単にいうなら、方向転換は「振り向けること」、内容転換は「振り替えること」だとされる。回向はこの二つのいずれか、あるいは両方を意味するとされる。

では、大乗仏教、とりわけ浄土仏教において回向という概念はどのように用いられているか。その典型的な例は、善導の『観経頌』「玄義分」の言葉に見られる。そこにおいて、善導は回向を、「この功徳をもって、一切衆生に平等に施し、菩提心を起こして共に安楽国に生まれようと願うこと」と規定している。この言葉は「回向文」と呼ばれ、回向という概念の基本を示すものとなっている。

親鸞ではどうか。親鸞は『教行信証』「証巻」において、曇鸞の『論註』の文を基にして、「おおよそ回向の名義を釈せば、謂わく己が所集の功徳をもって、一切衆生に施与して、共に仏道に迎えしめたまうなり」(『教行信証』「証巻」、『聖典』二九三頁)と述べている。

親鸞は回向を世親、曇鸞、善導らと同じ意味にして解しているのであって、浄土仏教の祖師たちや親鸞は共通して、回向を、「自分の修めた善行の功徳を衆生にめぐらし向けて、ともに悟りを得るように期すること」という意味で用いている。これが回向の基本的意味である。英訳ではこれと同じ意味で、回向を"merit transference"と訳している。

いったい、この回向の思想は民衆にどのような意味をもったか。それは、それまで民衆を縛ってきた「輪廻転生」や「自業自得」といった業報の思想からの解放をもたらしたということである。業報の思想は、行為のすべての責任をその当人に背負わせるもので、民衆を自己責任の重石や必然性の輪の中に閉じ込めて押し潰す、救いのないものであった。それは抗いがたい重力によって民衆を苦悩と孤立の泥沼に沈没させるばかりで、内に解放の原理をもたない思想であった。それは変化することを容れない同一性の原理の内に人々を閉じ込めるものであった回向の思想は、そのような業報の思想の軛から民衆を解放し自由にするものであったのである。そのようなものとして、回向の思想は業報の思想の対極をなし、大乗仏教の中心を占める思想となったのである。以上が回向という概念、もしくは思想の概略である。

2、親鸞の回向の思想とその問題点

では、親鸞は回向をどのように捉えたか。先にみたように、親鸞は回向を、曇鸞にしたがって、「己が所修の功徳をもって、一切衆生に施与すること」と捉えていた。そのかぎりにおいて、親鸞は先人の回向理解を踏襲していた。しかし、親鸞は従来の回向理解をそのまま受け継いだのではなかった。親鸞は回向の主体を、衆生から如来に転じ、回向を如来のはたらきと捉えた。衆生が回向するのではなく、如来が回向するとしたのである。この回向の主体の転換に親鸞の回向理解の独自性、画期的なところがあることは周知の通りである。

回向のはたらきは、それまでは、衆生の上に見られてきた。浄土仏教の祖師の世親や曇鸞は、衆生は独力では大したことはできなくても、如来の力が加わると世界の果てまでも飛んでいくことができるというふうに、如来を「増上縁」とし、如来の力によって活性化されるとしながらも、回向のはたらきそのものの主体は善男子・善女人、つまり衆生に捉えているとみなされてきた（尤も、梶山は、世親や曇鸞のテキストを精査すると、かれらは回向を阿弥陀如来のはたらきと捉えていたことは間違いないと述べている——。『梶山雄一著作集』第六巻、四六四頁参照）。

ところが、親鸞は回向のはたらきの主体を衆生に見ることに深い疑問を抱いた。そして、回向の主体を衆生から如来に転じて、回向するのは衆生ではなく、如来であるとした。親鸞はその逆転を、漢文に破天荒な読み下しを施すことによって表明したのである。そこに親鸞の思想家としての深さがある。

衆生は如何に努力しても、自らの力によって菩提を証することはできない。衆生は自らが修めた功徳を用いて如来の世界に至ることができないばかりか、実は、如来に思いを致すことさえもできない。人間は両足を揃えて如何に空高く飛び上がっても、終には地上に落下せざるをえない。この如何とも し難い人間の事実を、親鸞は曇りなき眼で見極めた。その結果、親鸞は、衆生は自分の力で如来の世界に生まれることはできない、つまり不回向であるという認識に至った。だが、不回向というところに留まったのではない。それを一歩踏み超えて、回向は如来から来ると確信するに至った。衆生が如来を探すことはあり得ないから、如来が衆生を探すのだと捉えたのである。こうして親鸞は、それまで衆生の上に見られていた回向のはたらきの主体を、衆生ではなく如来であるとし、自力回向から他力回向に転じたのである。ここに親鸞の回向の思想の独自性があることは先に述べた通りである。

ところで、ここで「親鸞の回向の思想」というテーマで述べようと思うのは、そのことではなく、それに付随して生じてくるもう一つの問題である。この問題は従来、主題として取り上げられてこなかったように思うので、敢えてこだわって追究してみようと思うのである。なぜなら、これは親鸞の回向思想を理解するうえで無視されてはならない問題であると考えるからである。では、それはどのような問題か。

親鸞は回向の主体を衆生から如来に転じたが、そのとき、「功徳を他に振り向ける」、あるいは「振り替える」とする従来の回向概念、あるいは回向理解の枠組みを変えたわけではなかった。そのことは、先に見たように、親鸞が『教行信証』において曇鸞の言葉を引いて「回向の名義を釈せば、謂わく己が所集の功徳をもって、一切衆生に施与して、共に仏道に迎えしめたまうなり」（『聖典』二九三頁）と述べていることからも明らかである。しかし、ここで改めて追究したいと思うのは、このような固定した回向概念は、親鸞の回向の思想の深みに入って、その要をつかむことを妨げるのではないか、よりはっきりいうなら、親鸞が回向を他力とすることの真意を歪んで捉えるという事態を招いているのではないかということである。そのような不都合はどこに起因するかを追究してみたいと思うのである。

何か、余計な問題を仮構しようとしているのではないかと不審を抱かれるかもしれないが、そういうつもりはない。ただ、これまで、親鸞の回向思想の理解をめぐって生じてきた不毛な対立や紛糾の一部は、このことと関連して生じてきているのではないかと思われるのである。実際のところ、親鸞の回向の思想を追究する際に、その要のところになると、霞みがかかったようではっきりしないところがあった。はっきり見ようとするとかえって姿がぼやけてしまう感があった。それは「功徳を他に振り向ける」、あるいは「振り替える」という従来の伝統的な回向理解の枠組みを用いて、親鸞の回向思想をつかもうとしていたことによるのではないか。つまり、焦点の合わないレンズを用いて、親鸞の回向思想を見極めようとしてきたからではないかと考えられる。そのために、親鸞の回向思想の肝心要のことがはっきり見えなかったのである。では、従来の回向概念のどこに不都合な点、難点があったのか。まず、そのことから見ておきたい。

「功徳を他に振り向ける、あるいは振り替える」という回向概念は、曽我の言葉を借りるなら、回向を「もののやり取り」のようにするということである。「回向は仏と対立して向ふから下さる、こちらは受け取る、仏とわれわれとものやりとりをすることだと思つてゐる。お受取りと手を差し出すといふやうに解釈してゐるものがある。さうではない」（『曽我量深選集』第十一巻、一〇三頁）と曽我はいう。

従来の回向概念は、回向をそのようにものを「賜る」ことのように受け取って、それが他力だという理解を生じてきた。しかし、回向が他力であることを、そのように解するなら、回向が信において感得される事柄であることを見失わせる。信を外から賜るものとするかぎり、信は差し出した瞬間に滑り落ちてしまうのである。

そのことで、寺川俊昭師が「曽我量深はこう語った」で述べられている文章は示唆に富んでいるので、紹介しておきたい。

談、たまたま「念仏往生」に及んだ。お聞きしながら私は、何か会得するものを感じて、こうお尋ねした。「でしたら先生、念仏するものは、浄土の功徳をその身に賜る、こう理解してよろしいでしょうか」。先生は言下に、「それはいけません……〈賜る〉という言い方は、弱うございます。〈わがものにする〉と、おっしゃいませ」（『寺川俊昭選集』第十巻、三七六〜三七七頁）。

曽我は、信を外から戴くものというふうに受け取っては、信は我が身に獲得したことにならないので駄目だと述べている。つまり、「功徳を振り向ける」という回向概念は、回向を「賜るもの」と理解させてきたが、そのような回向概念は親鸞の回向思想の深みを捉えることを妨げ、どうしても未到のところが残ると、曽我は述べているのである。そこでは、回向は信において感得される事柄であることが見失われてくる。

親鸞は『教行信証』において、「教」・「行」・「信」・「証」は如来によって衆生に「回施」されたものと説いている。しかし、この「回施された」ということを、「功徳を振り向ける」という従来の回向理解の枠組みのなかで捉えるなら、「教」・「行」・「信」・「証」はあたかも、如来が祭りの餅撒きのように、高いところから衆生の上に気前よくばら撒いたというようなアブサードな（馬鹿げた）ものとなる。そこでは教・行・信・証は自発性をもたない物のようになって、衆生において救いと覚醒をもたらす能動的原理ではなくなる。そのことはとりわけ信についてあてはまる。そこでは信は「所信」となって、「能信」であることをやめる。そのとき、信は「信心の業識」として、衆生を「光明土にいたらしめる」と親鸞のいう、「内因」であることをやめる。「功徳を他に振り向ける」という回向理解の枠組みは、真宗において「弥陀の本願」や「法蔵菩薩」がもつ意味を明らかにするよりも、覆い隠すのである。

回向の深い意味は、親鸞においては阿弥陀如来が仏の位を捨て、法蔵菩薩に成り下がって衆生の世界に現れたという、阿弥陀如来の自己否定にある。阿弥陀如来が自らを否定して法蔵菩薩となったということが、回向の源に大悲心があることを証するのである。

しかし、「功徳を振り向ける」という回向概念は、回向の源にあるこの法蔵菩薩の自己否定の精神を見通す視力をもたず、それゆえ、回向の核心をなすものが「大悲心」であることが見えてこない。したがって、この回向概念のもとでは本願の信は成立しない。本願の信は、阿弥陀如来の心が真実心であり、大悲心であり、回向心であることを感得し、深く思いを致すところに成立するのである。『大無量寿経』では、法蔵菩薩は阿弥陀仏の前身として説かれ、それは本願を成就して阿弥陀仏となり、現在、西方安楽国に去ってそこに住しているとされている。だが、阿弥陀仏の「回向」の深い意味は、その阿弥陀仏が今度は法蔵菩薩に形を変えて、衆生の世界に現れてはたらいているところにあるのである。しかし、回向が「功徳をめぐらすこと」とされるところでは、阿弥陀仏が法蔵菩薩となって衆生の世界に出現しなければならないという、回向の必然性は説明されない。阿弥陀仏が自らを否定して法蔵菩薩となって衆生の世界に出現するところに、阿弥陀仏が大悲心であり、その大悲心が回向心であるゆえんがあるのだが、「功徳を他に振り向ける」という回向概念は、この如来の大悲心を感受しうるセンサーをもたない。

「功徳を他に振り向ける」という回向概念においては、本願がはたらく場所、本願を感得する場所が特定されない。そのかぎり、回向のはたらきは効力をもたない。本願は本願力とならず、宙に浮いた幽霊か蜃気楼のようなものになって蒸発してしまうのである。それゆえ、私たちが深く思いを致さねばならないのは、「功徳を振り向ける」という表面的事実ではなく、その事実の源にはたらいている、如来の自己否定の精神、回向心である。

私たちは、如来に願われているとか、思いをかけられているといわれるのをよく聞く。しかし、そのようないい方に何か釈然としないものを感じるのは、そこでは、如来はどこか自己の外部に漠然と想定されていて感があって、如来を感得する場所が捉えられていないからである。本願は、それがはたらく場所が特定されなければ、感得されることはないことに思いを到さねばならない。

曽我は、「如来我となる」、「如来我となりて我を救ひ給ふ」、「如来我となるとは法蔵菩薩降誕のことなり」、と「地上の救主」（『曽我量深撰集』第二巻）で述べている。この言葉は有名だが、これによって曽我が語っているのは回向の要となるところである。それは、如来は法蔵菩薩となって衆生の世界に形を変えて現れ、われわれとなってはたらいているということである。如来の回向は、如来がわれわれの外にあって、漠然とわれわれに思いをかけ、願いをかけているところにあるのではない。如来が自らを捨てて衆生のただ中に降りてきて、衆生の心の奥底ともいうべき「欲生心」において呼びかけてきているところにあるのである。

そのような回向の要となるところは、「功徳を振り向ける」という回向概念では十分つかみ得ない。したがって、親鸞が回向の主体を衆生から如来へ変えたとき、回向理解の枠組み、回向概念もまた捉え直されなければならないのである。

では、どのように捉え直されるべきなのか。「回向」（パリナーマナ）が漢訳されて、「功徳を振り向ける」というふうに固定される以前の語源にまで溯って、その意味を捉えることである。

3、表現としての回向

そのように、回向を漢訳の「功徳を振り向ける」という意味から、そのサンスクリットの原意の「形を変えて現れる」（パリナーマナ）にまで溯って捉えるとき、回向は「表現」として捉えられてくると曽我はいう。回向とは回向・表現だという。では、そのことでいったい曽我はどのようなことをいおうとするのか。曽我のいうところを見ておきたい。

然らば廻向といふことはどういふことであるか、廻向といふことはつまり表現するといふことである。昔からして廻向といふことは施すことだ、廻施することである、己を廻して他の衆生に施すことである、浄土真宗における廻向とは何ぞや、つまり如来の衆生廻向である、如来が自己の功徳を他の衆生に施すことである、かういふ具合に解釈してをりますが、それは無論それに違ひないと思ふのであります。しかし、私は単にさういふ具合に解釈することだけでは満足しないのであつて、私は廻向といふことは表現といふことである、浄土真宗の廻向は表現廻向であると思ふのであります。

表現廻向とは何であるか。表現廻向といふのは自身の才、知恵、自分の意志、意欲といふものを以てあゝしようかうしようといふやうに考へることではないのでありまして、たゞ水が高きより低きに流れるやうに、水が流れるときにはそこに石があつても無闇にこれを突き飛ばして流れない、或いは、水の渓流になるときには随分石や岩を突き飛ばして流れることもあるでありませうけれども、普通の水といふものはさういふものではない、岩があれば岩を廻って流れる、何所の川でもさうでせう、真直に流れてゐるのは一つもない、皆うねうね廻って流れてゐる、そのうねうね廻って流れてゐるといふことは何物にも逆らはず低い所を尋ねて、さうして何物にも邪魔されないやうに、つまり、自分自身の本性といふものによつて何物をも邪魔しないで、さうしてあらゆるものに従順して流れてゆくといふのが水の本性である、さういふことが、私は廻向といふ意味ではなからうかと思ふのであります（『曽我量深選集』第五巻、二六二～二六三頁）。

曽我はここで、「功徳を振り向ける」という従来の回向理解の枠組みに対して、「表現」という回向理解の枠組みを提示して、その違いを述べている。「自らの功徳を他者に回施する」という従来の回向理解は、如来が自分の意志や才覚でもって、ああしよう、こうしようとすることであって、そこでは、水の渓流が思いどおりにならない石や岩に出くわすなら、それを突き飛ばして進むという印象がある。そこには、回向の主体の自己主張、勝手気ままさ、恣意性がある。

一方、回向を「表現」とする理解は、水が岩や石に沿って自らの形を変えながら高きから低きに自然に流れていくように、回向の主体が自らを否定して、他のものに随順して自らを変えつつ、他のものによって自らを表していくというところがある。そこでは、自己主張の代わりに自己否定が前面に現れる。表現とは自らを直接示さないで、他のものに従い、他のものを通して自らを表してゆくことである。したがって、回向が表現だということは、如来が自らを主張することを保留して、諸々の縁に随順して形を変えて現れるということ、つまり、阿弥陀如来が自らを否定して、衆生の世界に法蔵菩薩となって現れることである。そのようにして如来が衆生の世界に形を変えて現れたものが本願で、そこに回向ということがあるのである。本願力回向とは、阿弥陀如来が直接自らを顕示するのではなく、本願となって衆生の世界に現れることである。法蔵菩薩はそのことをイメージ化したものにほかならない。そこには転変の意義があるのである。

こうして、自己主張のニュアンスを伴った回向理解と、自己否定をその根本にもつ回向理解との、二つの回向理解の形が対比的に示されることになるが、回向の思想の深みはそのどちらにおいてよく示されているであろうか。「自らの功徳を他に回施する」、「振り向ける」という回向理解においては、回向の主体が如来であっても、自分の好き勝手に思い通りにするという恣意性の名残りがあって、そのかぎり回向は偶然的であり、如来の本性から現れざるをえないという必然性が感じられない。回向が如来の気まぐれに由来するなら、それが自分に振り向けられたとしても、真に有り難くない。たまたま自分に振り向けられただけであって、場合によっては振り向けられなかったかもしれないからである。しかし、表現という回向理解においては、如来の徹底した自己否定があり、その自己否定においては、如来の真実心、純心、清浄心、大悲心があることが感得されてくる。如来の自己否定において如来の大悲心があり、そこから如来の回向心が必然的に出てくることが感得される。

そういうわけで、曽我は次のようにいう。

信が無理にかふいふことをしたい、ああいふことをしたいと考へて行くのではなしに、信自身が自分の本性に従って自然にあらゆるものに随順してゆく、あらゆる総てのものに随順してゆく、それがすなわちあらゆるものを超越するのであります。あらゆるものに随順して而も超越してゐるのであります。随順するがゆえに超越するのであります。……総てのものに随順するがゆえに総てのものを超越してゆくところが、すなわち私は本願回向、回向表現といふ意味ではなからうかと思ふのであります（『曽我量深選集』第五巻、二六三～二六四頁）。

回向とは自己を主張し、自己の意志を表明してゆくことではなく、自らを否定し、空しくしてゆくことである。阿弥陀如来が自己を否定し、空しくして、法蔵菩薩となって衆生の世界に現れたところに、如来が大悲心であり、回向心であるゆえんがあるのである。親鸞は回向をそのように捉えた。それゆえに、親鸞は法蔵菩薩を「一切群生海の心」として捉えた。法蔵菩薩が「一切群生海の心」であるがゆえに、親鸞は法蔵菩薩の心が真実心であり、回向心であると捉えたのである。ここに親鸞の回向理解の要があると思うが、この「一切群生海の心」としての法蔵菩薩の心の深さは、単に「功徳を振り向ける」という回向概念によっては見えてこない。

そういう次第で、親鸞が回向の主体を衆生から如来へと転換したとき、その親鸞の回向理解の深みをつかむには、従来の「功徳を振り向ける」という回向理解の枠組みも変えられなければならないのではないか、ということに注意を促したいと思ったのである。翻って考えるなら、回向が、「仏とわれわれとの間でものの取り引きをすること」のように理解されることになったのはなぜか。

私見であるが、それはサンスクリットの「パリナーマナ」が一律に「回向」と訳されたことに多分に起因するのではないかと思われる。そのことによって、「形を変える」という意味が、漢字「回向」の「他にめぐらす」という意味に強く規制されて覆い隠され、回向とは「自分の修めた功徳を他に振り向ける、あるいは振り替える」ということだという理解が確定したと考えられる。その結果、自動詞であったパリナーマナ（形を変える）が功徳を振り向けるという他動詞となった。そして、パリナーマナにおいて一つであった「回向する主体」と「回向される内容」が切り離されて、回向は直接目的としての功徳を間接目的としての他にふり向けることとして捉えられるようになった。回向する主体が、自分の意志でもって、回向の内実である功徳を対象あるいは目的として、自分の持ち物か品物のように、他に振り向けるという回向理解がこのようにして生じ、確定した。こうして、「もののやりとりをする」かのような回向理解が生じたことの裏には、漢訳によって意味の変質が生じたことがあると考えられるのである。

そのことは、回向の理解が西田幾多郎の言葉を借りていうなら、「対象論理」に絡めとられたということである。例えば「走る馬」という一つの直観が、「馬が走る」というふうに主語と述語に分けて再構成して理解されるという具合になったのである。そのために、自覚の事実として自己の内面において感得されるべき回向が対象化され、もののやり取りのようになった。それゆえ、回向の深い意味をつかむには、漢訳によって固定された意味を一度壊して、漢訳される以前の「形を変えて現れる」(パリナーマ)に立ち返って捉え直すのでなければならない。つまり、回向を他動詞ではなく、自動詞として捉えることが必要である。そうすることで、回向という事柄に含まれている深い豊かな意味が見えてくるはずである。回向とは、如来が「衆生にものを与えること」ではなく、その手前において、如来が「自らを空しくする」ということである。如来が自己を転じ空しくするということがあって、与えるということも生じるのである。したがって、回向において思いを致すべきは、単に如来によって与えられたということではなく、与えられたことのもとにある、如来が自らを否定したということ、その自己否定に秘められた如来の清浄心、真実心、大悲心である。本願の信とは、その回向心に深く思いを致すことにほかならない。

4、表現における阿弥陀如来と法蔵菩薩との関係

回向とは「形を変えて現れること」（パリナーマナ）であり、表現であると述べたが、そのことは、絶対は、相対の世界に、相対の相をとって現れるということである。絶対者は、自らを絶対者としてではなく、相対に姿を変えて、相対の世界に出現する。そのことが回向表現ということである。そのことは浄土真宗の言葉に即していうなら、阿弥陀如来が衆生の世界に阿弥陀如来としてではなく、法蔵菩薩となって現れるということである。そこに、回向が如来の自己否定であり、その如来の自己否定に、如来が真実心であり、大悲心であり、回向心である所以が秘められているのである。ここに如来の回向の要がある。しかし、回向を単に「功徳を振り向ける」と捉えているかぎり、この回向の核心は見えてこない。それゆえ、従来の回向概念は変えられなければならないと述べたのである。

そのような回向の要となる、回向の構造についてもう少し見たい。武内義範はそれを次のような比喩によって語っている。

深山の中の池に水浴びのために訪れた一羽の小鳥の譬えをもう一度呼び起こそう。そこは枝々はひそやかに池の面を覆い、行く白雲も、空飛ぶ鳥もその姿を映さないような鏡のような水面で

あった。しかし、小鳥が水浴びすると水面は小鳥を迎えて、小鳥の水浴びするその点を中心としてその水紋を次々と岸辺へと広げた。岸に立ってそれを眺める私には、小鳥が水浴びするので、波がそこから起こり岸へと寄せてくることが理解される。しかし、もし私が存在せず、小鳥の訪れを知るものが小鳥と水面だけであったとしたならばどうであろうか。小鳥は敏感であって、絶対に人の気配のあるところに近づかないとしてもよい。その場合、水面にとって小鳥の訪れを表現する方法は、小鳥の接した水面の点を中心として平面上に繰り広げられる幾つかの波紋の同心円による以外はないであろう。水面は自己を垂直に貫くという仕方で訪れたものに対する感動と心情の震えを一度は拡散してゆく同心円に託して伝え、さらに再び同心円を外から内へと、ちょうど小鳥が水面に接したその中心点まで、逆に縮約してゆくことによってでなければ、さきの垂直の方向を指示し、象徴することはできない、とわれわれは考えた。この小鳥の比喩をもう少しさきまで進めてみよう。ところで、小鳥は彼女が飛翔する無限の虚空の使者であり、水面はこの無限に深い虚空につつまれるより低次元の世界であるとしよう、われわれは、ただちに、ここで、超越的な絶対他者とこの世界との遭遇が意味されようとしていることに気づく。けれども、それは実はなおそれ以上のことをこの譬えはとり入れているのである（『武内義範著作集』第二巻、九四〜九五頁）。

武内がこの比喩で示しているのは、絶対と相対との遭遇の仕方であるが、それは絶対者が相対の世界に降りてきたことは、相対の世界の事柄を通して表すしかないということである。武内はそのことを、小鳥は人の気配のするところではその姿を見せないとして述べている。それゆえ、小鳥が相対の世界に降りてきたことは、小鳥が水面に繰り広げる波紋によってしか知られない。

そのことは、阿弥陀如来は衆生の世界に、衆生の世界の相をとって現れるしかないということであり、衆生はそれを通してしか如来に触れることができないということである。衆生の世界の相をとって現われた如来が本願である。本願は小鳥が水面に繰り広げた波紋にほかならない。私たちは、衆生の世界に広がる本願の波紋をとおして、そこに如来が降りてきたことを知るのである。信とはこの本願に思いを致すことにほかならない。私たちは阿弥陀如来に直接に触れるのではなく、本願の信を通じて如来に触れる。それゆえ重要なのは阿弥陀如来の讃仰ではなく、回向された本願に思いを致すこと、つまり本願の信である。

本願は阿弥陀如来が自らを否定して衆生の世界においてとった形であり、「仏の呼び声」である。本願の信とはその「仏の呼び声」を聞くことにほかならない。ここに如来の回向ということがあるのである。

5、親鸞の仏身論と回向の思想

親鸞は回向の主体を逆転して衆生から如来へ転じたとき、従来の回向概念を変えたわけではなかった。しかし、回向の主体を衆生から如来へ転ずる場合、回向概念も変えられなければならない。すなわち、回向概念は「功徳をめぐらす」から、その原初の意味の「形を変えて現れる」にまで溯って捉えられなければならないのである。これまで述べてきたのはこのことであった。しかし、親鸞は従来の回向概念を変えてはいないと述べたが、はたしてそうだろうか。たしかに、親鸞は表立って変えてはいない。しかし、親鸞は見えないところでは回向概念に変更を加え、拡張して用いている。そのことは親鸞の仏身観において示されている。とりわけ、その法蔵菩薩観に示されている。次にそのことを見ておきたい。

親鸞は『教行信証』「証巻」において、「無上涅槃はすなわちこれ無為法身なり。無為法身すなわちこれ実相なり。実相すなわちこれ法性なり」と述べ、次いで、「法性はすなわちこれ真如なり。真如これすなわち一如なり。しかれば弥陀如来は如より来生して、報・応・化種々の身をあらわしたまうなり」（『聖典』二八〇頁）と述べている。そして、『唯信鈔文意』では、「［涅槃界］というは、無明のまどいをひるがえして、無上涅槃のさとりひらくなり。……［涅槃］をば、滅度という、無為という、安楽という、実相という、法身という、法性という、真如という、一如という、仏性という。仏性すなわち如来なり。この如来、微塵世界にみちみちたまえり。すなわち、一切群生海の心なり。……法性すなわち法身なり。法身は、いろもなし、かたちもましまさず。……この一如より、かたちをあらわして、方便法身ともおす御すがたをしめして、法蔵比丘となのりたまいて、不可思議の大誓願をおこしてあらわれたまう御かたちをば、世親菩薩は、尽十方無碍光如来となづけたてまつりたまえり。この如来を報身ともうす。誓願の業因にむくいたまえるゆえに、報身如来ともうすなり。報ともうすは、たねにむくいたるなり。この報身より、応化等の無量無数の身をあらわして……」(『聖典』五五四頁)と述べている。親鸞はここで、一如の法身より報身、そして報身より無量無数の応・化身が生じてくるという仏身観を展開している。

この親鸞の仏身観において注目すべきことは、阿弥陀仏が法蔵菩薩に形を変えるということである。つまり、阿弥陀仏の前身であった法蔵菩薩が、阿弥陀仏の化身となって現れるということである。この仏身観において親鸞の回向思想は具現されているということができる。それはどういうことか。

梶山は、この親鸞の仏身観について次のように述べている。

親鸞は曇鸞の[法性法身]と[方便法身]という二身説とインド伝来の三身説を総合して、実に見事な仏身の体系を開発した。その結果、法蔵菩薩は阿弥陀如来の前身ではなくて、阿弥陀如来の化身にほかならないという逆転が生じている。法蔵も弥陀も釈迦も、龍樹から源空に至るインド・中国・日本の高僧釈家たちも、みな一如来（法身）から流れ出た方便身であり、権化であり、親鸞自身の信心も往生も、すべて如来からの流出（等流）である、という親鸞の思想の淵源はどこにあり、親鸞の独創は何であったのか。……私はこういう事情を仏教思想史的に明らかにしておきたい（『梶山雄一著作集』第六巻、四五一頁）。

上に引用した『唯信鈔文意』において親鸞が示しているのは、「一如（法性法身）から報身が生じ、報身より無量無数の応化身が生じる」という仏身論であるが、それを梶山は、親鸞は、法性法身と方便法身という二身説を立てた曇鸞の見方に立って、それをさらにインド伝来の法性法身―自受用身（報身＝阿弥陀仏）―化身（化身・応身＝法蔵菩薩・諸仏）という三身説と総合して、実に見事な仏身論を展開したと述べている。梶山は、親鸞がどうしてこのような「仏身の体系」を立てたのかを、その淵源をさぐって「仏教思想史的」に明らかにしたいと述べている。しかし、ここでは、梶山のその関心を、親鸞の仏身観と回向思想との関わりを明らかにするという観点に絞って跡付けてみたい。

梶山は、インド仏教史において、二身説（法性法身と色身）から三身説（法性法身―自受用身―化身）へと発展しなければならなかった必然性を、菩薩と如来と教化活動との関係から追究している。そして、この三身説が、菩薩の「教化活動」に主眼を置く瑜伽行派において発展したことに注目し、それをくわしく跡付けている。つまり、三身説は教化活動と結びついて出現してきたということであるが、教化活動とは要するに、「回向」の具体的な現れである。とすれば、三身説は回向の思想と結びついており、それは回向の思想が深化されゆくなかで必然的に生じてきたといいうるのである。

いったい、仏教古来の二身説とは何か。釈尊が入滅したとき残されたものは二つあった。一つは彼がこの世で人々に与えた教法であり、他はストゥーパに蔵された彼の遺骨である。釈尊が残した教法は「法身」と呼ばれ、釈尊の身体は色身と呼ばれた。そこから、仏陀について、法身と色身の二身説が形成された。法身といわれるのは法性であり、智慧の対象としての空性であるが、一方、色身とは釈尊のように身体をもった仏身のことである。この二身説が形成されたのは、梶山によれば、二世紀のころである。

ところが、色身と分けられた法身が空性として、永遠にして、あらゆる概念や言葉や活動を超越した真理とみなされるとき、それは衆生を超絶した真理となり、衆生はそれとは如何なる関わりも持ちえないものとなる。それゆえ、法身が受用され、何らかの仕方で衆生に伝えられ、教化されるためには、法身は色身の世界を超絶した絶対空としてとどまることをやめて、色身の世界に色身を象って現れるのでなければならない。つまり、それは「受用身」となり、さらに「化身」となるのでなければならない。そこに、法身―色身の二身説から、法身―受用身―化身という三身説が成立してくる必然性があった。

二身説に立ったのが中観派の龍樹であったのに対して、三身説に立ったのが瑜伽行派の世親であるとされる。中観派の二身説では、法身と色身との間は断絶していて、両者は結びつきようがなかった。空性としての法身には言葉も行動もないので、概念と言葉と活動なしに行いえない衆生の教化はそこでは成立しえない。したがって、空性が教化されうるには、その「根拠」として、「仏陀が菩薩であったときの本願と救済活動の力と善根の熟した有情たちの福徳」がなければならないと梶山はいう。しかし、梶山のこの言い方はなお説明不足である。というのは、「教化活動の根拠となる本願と救済活動の力」はどこから生じてくるのかがさらに説明されなければならないからである。

それゆえ、次のように言わねばならないのである。空には言葉も行動もないので教化活動は生じようがない。それゆえ、空としての法身が救済活動の力をもつには、それは、法性を受用する阿弥陀仏（受用身）となり、阿弥陀仏はさらに、衆生との関わりをもつ法蔵菩薩（化身）となるのでなければならない。つまり、衆生を掛け離れた法性法身は、衆生と関わりをもつ方便法身となるのでなければならない。そこにおいて教化活動が成立する。教化活動とは、衆生にはたらきかけるということであり、要するに「回向」ということである。したがって、教化活動が回向の精神を表すものであるなら、回向とは「化身」となること、すなわち、「形を変えて現れる」ことでなければならない、と。

実は、梶山はそのことに思い至り、次のように説明し直している。「瑜伽行派によって、受用身はただ第三の仏身として法身と変化身との間に挿入されたのではない。受用身は［法界からの流失］

（法界等流）という、「般若経」や中観派には存在しなかった意味を荷って登場した」（『同』、四五九頁）と。すなわち「瑜伽行派においては、受用身およびそれから生じる変化身の教化と慈悲は法身の等流である、と明らかに示される」（『同』、四六〇頁）と述べている。

こうして、法身から受用身、および化身が「等流する」とされることで、三身説と回向の思想は結びつく。等流とはパリナーマナ（形を変えて現れる）のことであるといいうる。回向の概念をこのように捉えることで、親鸞の「仏身論」と回向の思想が繋がるのである。

親鸞の仏身観は次のように図示される。一如（法性法身）→方便法身＝阿弥陀如来（報身）、法蔵菩薩（化身）、還相菩薩（化身）。瑜伽行派において受用身が導入されたのは、中観派の法身と色身の二身観においては、法身は衆生を超絶しており、法身はいかなる意味においても衆生にはたらきかけようがなかったからである。法身が衆生にはたらきかけるには、その手掛かりとして法蔵菩薩やその本願がなければならないが、それは法身から方便法身＝報身（阿弥陀如来）―化身（法蔵菩薩）として等流し、形を変えて現れたもの、すなわち回向したものと捉えられたのである。ここに親鸞の回向論と仏身論との結びつきが示された。このような、親鸞の仏身観と回向の思想との結びつきを見るには、「功徳をめぐらす」という回向の概念は「形を変えて現れる」という、表現の意味にまで深めて捉え直されなければならないのである。

6、「一切群生海の心」としての法蔵菩薩

　では、本願と法蔵菩薩とはどのような関係にあるのか。本願は目に見えるものではないのでつかみどころがない。それで、本願がわれわれに身近になるようイマージュ化したものが法蔵菩薩である。親鸞は回向を、阿弥陀如来が自らを否定し、衆生の世界に法蔵菩薩となって現れるところに捉えた。そこに法蔵菩薩が、曇鸞のいう「為物身」（衆生のためのもの）である所以がある。ここに親鸞の回向思想の核心がある。それを親鸞は、「この如来（法蔵菩薩）、微塵世界にみちみちたまえり。すなわち、一切群生海の心なり」（『聖典』、唯信鈔文意、五五四頁）と述べることで示している。法蔵菩薩は一切群生海の心として、衆生の世界のただ中に現れて衆生に呼びかけている。それゆえ、衆生は如来の呼びかけを、その衆生の宿業の世界のただ中において聞くのでなければならない。

　シモーヌ・ヴェイユは、神はあらゆる出来事においてただ一つの言葉だけを語っているのであって、われわれは人生のあらゆる出来事において、その一つの言葉のさまざまな変調を聞いているのだと述べている。では、神が語るその一つの言葉とは何か。それは、「我、汝を愛する」（Je t'aime）だという。私は一杯の水を飲む。水の冷たさは神の「Je t'aime」である。私は水を発見できず、砂漠を二日間さまよっている。その喉の渇きは、神の「Je t'aime」である。そういうわけで、神は「好きな男の

耳元で、たえず、「すきよ、すきよ、すきよ、すきよ」とつぶやいているしつこい女に似ている」といっている。ヴェイユは神のことを「しつこい女」に似ているといっているが、そのしつこい女とは、法蔵菩薩のことでもある。

法蔵菩薩はなぜしつこいのか。それは、法蔵菩薩は「一切群生海の中」にあって、「一切群生海に対して」、たえず、休むことなく呼びかけているからである。親鸞はその呼びかけを、われわれの心の最内奥にある欲生心に響く如来の呼び声、つまり「本願招喚の勅命」と捉えた。そういうわけで法蔵菩薩はしつこいのであるが、しつこいといえばリアルであって聞こえは悪いので、もっと穏やかにいうなら、「摂取不捨」ということになる。

方々の女性から好意を寄せられてもてる男性であれば、女性から「すきよ」といわれても、「しつこい、放っておいてくれ」というかもしれない。だが、如来から十方衆生と呼ばれている人間とは、誰からも見向きもされず、見捨てられた存在のことであって、誰かにしつこくすきよといわれなければ持たない。そのような周囲から無視され軽蔑されて、名前を失い無名となった存在が十方衆生であって、それゆえ十方衆生は昆虫や「蜎飛蠕動《けんぴねんどう》の類い」と併置されたのである。そういう、人々から無視され、自分はまさしく虫けらと思いこまされて人知れず悩み、傷つき、正気を失って呆然自失している者は世の中に数知れない。そういう存在は誰かからすきよと呼びかけられなければ正気に立ち返ることができない。そういう無名の十方衆生を放置しえず、しつこく呼びかけてくるのが法蔵菩薩で、それゆえ親鸞は、法蔵菩薩を「一切群生海の心」と呼んだのである。

西田幾多郎は、「仏の呼び声」が聞かれぬものは浄土真宗ではないと述べている。しかし、如来は何処から呼びかけているのかを知らなければならない。如来は天空からではなく、われわれ衆生の足元、あるいは背後、つまり、一切群生海の中において呼びかけてくる。そこでは、如来と衆生との関係は「逆対応」になると西田はいう。如来はわれわれに面と向かってではなく、足元、あるいは背後から呼びかけてくるので、如来とわれわれとの関係は逆対応、つまり、表裏の関係となるのである。

では、どうして絶対者は正面からではなく、われわれの足元、あるいは背後から呼びかけてくるのか。それは、絶対者は相対の世界に自らを翻して現れるからである。浄土真宗の言葉でいうなら、阿弥陀如来は自己を否定して法蔵菩薩となって、衆生の宿業の大地に出現するからである。絶対者が自らを否定して、相対の世界に自らを翻して現れることを、西田は「場所論的」というが、場所的論理においては、絶対と相対の関係は逆対応となるのである。そこに、回向の真の意味がある。

したがって、西田は「逆対応」ということで、実は、親鸞の回向の思想の要、核心となるところを示しているといいうる。西田が、「仏の呼び声が聞かれぬものは浄土真宗ではない」と述べたのは、この意味においてであろう。

親鸞は回向の要を、阿弥陀如来が法蔵菩薩となって衆生の世界に降りてきて呼びかけているところ、すなわち、法蔵菩薩が「一切群生海の心」であるところに捉え、「この如来、微塵世界にみちみちたまえり」と述べた。そして、そのようにして、法蔵菩薩の心が一切群生海の心に現われたところに「信」を捉えた。

そういうわけで、回向とは回施された如来の功徳を有り難く頂戴するというような漠然としたことではなく、精確には、如来が一切群生海に現れて、自己一人に呼びかけていることを聞き取ることである。曽我はそこに「法蔵魂」を捉え、その法蔵魂を見失うとき、真宗は滅びるという。真宗が法蔵魂を見失うということは、如来の回向の核心が、焦点がぼやけてつかみえなくなることである。

法蔵菩薩は四十八願を修行し、その結果、阿弥陀仏となったとされている。しかし、そこではまだ法蔵菩薩の回向の真の意味は捉えられてはいない。阿弥陀仏がさらに、自己を否定して法蔵菩薩となり、衆生界に「一切群生海の心」となって現れ、呼びかけてくるところに法蔵菩薩の回向の真の意義がある。それは、阿弥陀仏がその前身の法蔵菩薩に逆戻りすることなので「従果向因」といわれる。そこでは、回向は単に功徳を振り向けるということではない。功徳を振り向けるということの源には、阿弥陀如来が自己を否定して法蔵菩薩となったという自己否定の精神、すなわち大悲心がある。この法蔵菩薩の自己否定の精神は、法蔵菩薩がその願を建てたとき、同時に、この願が成就しなければ仏にならないと誓ったことのうちに既に現れていた。しかし、その誓いに秘められていた自己否定の精神は、阿弥陀仏が法蔵菩薩となって衆生の世界に現れ、一切群生海の心となって呼びかけてくることにおいて全きもの、現実的なものとなるのである。そこに曽我は「回向」の核心が「表現」であるゆえんを捉えたのである。

この回向の核心を、親鸞は「法性すなわちこれ真如なり。真如すなわちこれ一如なり。しかれば弥陀如来は如より来生して、報・応・化種々の身を示し現したまうなり」（『教行信証』「証巻」）という仏身観において示している。阿弥陀如来は如より来生したものであるが、その阿弥陀如来の化身が法蔵菩薩である。こうして、一如が報・応・化種々の身に形を変えて現れるところ、つまり転ずるところに、親鸞は如来の回向を捉えたのである。

親鸞はこの仏身観において、単に「功徳を振り向ける」という回向概念では捉えられない回向の深みを示している。その親鸞の仏身観に深く注目することを促すものは、「仏身が実相・為物の二身であることを知らなければ称名憶念したとしても、無明が晴れることがない」（取意）という言葉に示されている曇鸞の洞察である。曇鸞が「実相身・為物身を知る」というのは、法性法身が衆生の救済のために方便法身（報身―阿弥陀仏、化身―法蔵菩薩）になったということである。回向の核心を、「功徳を振り向ける」という従来の伝統的な回向概念を超えてつかまねばならない理由がここにあるのである。

第三部　親鸞の往生思想

曽我は果たして親鸞の往生論を誤解したか

大谷大学名誉教授の小谷信千代氏は『真宗の往生論』（二〇一五年）、『誤解された親鸞の往生論』（二〇一六年）、および『親鸞の還相回向論』（二〇一七年）の三著作において、親鸞は死後往生を説いたのであって、したがって、曽我をはじめとする近代教学の現世往生論は親鸞の往生思想を誤解するものであると主張された。氏のこの見解を裏付けるものとして、近代教学の現世往生論は経典の誤読によるものであることは決定的であり、動かしがたいという評もなされている。しかし、小谷氏の見解とその評は妥当しないと思うので、その理由を述べ、曽我は「現生往生」ということで何をいおうとしたかを改めて確認しておきたい。

一、小谷氏は、その見解の論証に際して、『大無量寿経』の「本願成就文」の「即得往生」という語に親鸞が加えた注釈に対する櫻部建師の解釈を究極の論拠とされた。そして、「近代教学を奉ずる人々の「親鸞は現世往生を説いた」とする誤解は、経文の紙背にまで視線を配って、凡夫であろうとも現生において真実の信心を得るならば、臨終時には往生が必ず得られることを論証するために敢行した、親鸞の苦心の読み換えの意図が見抜けなかった不見識に起因するものと考えられる」（『親鸞の還相回向論』、四五頁）と帰結された。しかし、氏の論証にはいくつかの疑問点があり、その結論は決定的ではない。

その理由の一つは、小谷氏がその死後往生論の論証の論拠とされた櫻部師の解釈は、実は往生は死後であることを前提した上で初めて成り立つ解釈であり、したがって、氏の論証は「論点先取」の上に成り立っていて、実は詭弁であるということである（註1）。

二つは、曽我の往生論は、親鸞の注釈を櫻部氏とは逆方向に解釈することから導かれたものであるが、氏はそのことに想到せず、櫻部の解釈を唯一と見なして論証を進められているため、その論証は独断的であり、論証として破綻しているということである（註2）。

三つは、曽我の往生論は、親鸞の往生思想を自己の身上において追究した「教学的思索」に裏付けられたものであるが、氏は、文献学的読解によって教学的問題をも決定しうると考えられているため、氏の論証は経験による確証を欠き、空転しているということである。これらの難点のため、氏の論証は無効となり、氏が苦心して構築された威風堂々として完璧な感のある論証の城壁は、そのままローマのコロシアムの如き遺跡と化するのである。

二、真宗では伝統的に、往生は死後と決められてきた。信を獲たとき正定聚となって、往生は決定する。しかし、往生が決定したということは、往生したのではなく往生の約束が成立したということであって、実際に往生するのは死後とされてきた。

しかし、「信が決定したことは、信を獲たことである」とされるのに、「往生が決定したことは、往生を得たことではない」とは何とも奇妙な理屈である。「おたすけが定まった」ということは、「おたすけを得た」ということではないか。それなら、「往生が定まった」ということは、「往生を得た」ということである。ところが、真宗の伝統的な教えでは、往生は定まっても、往生するのは死後だから、「いま苦しんでいても、死ぬまで待っておれ」というふうに教えられてきた。しかし、そのような往生理解は果たして親鸞の教えに叶うものだろうか。「そういう真宗学が行われていては、わたくしどもの本当の救済が成立しておらぬと思う。それでは心は暗いと思う」。曽我はそう考えて、「往生が決定したということは、私どもに往生という新しい一つの生活が開けてきたということ」でなければならないと捉えた。これが、曽我が往生を現生に捉える根本的動機である。

したがって、曽我の往生理解は、経典の文字を、自己の経験との関わりを離れ、法律の条文を解釈するように、その意味を詮索するという具合に導かれたものではない。それは、親鸞の書いたものを、現代に生きる自己の身上において問い直すという教学的思索を通して導かれたものであることが見失われてはならない。そこからするなら、経文の上だけで、その往生論が正解か誤解かを決定してみたところで、実は意味がないのである。教学的読解は人間がいかに生きるかという問いと結びつくとき、それは時代に応じて変わるし、また変わらねばならない。

三、曽我に対する氏の批判が的外れであるのは、氏が、曽我の「現生往生論」を「現世往生論」と決めて批判されているということである。氏は、「現世往生」を、「来世の往生を現世にもってきて、現世で往生すること」と捉えられていると思われる。つまり、浄土を現世にもたらし、「娑婆即寂光土」ないし「即身成仏」を説くものと考えられているようである。しかし、曽我が説くのは「現世往生」ではなく、「現生往生」である。

現生往生とは、浄土の超越性を否定するのではない。浄土はあくまで現世を超越している。しかし、その超越的浄土はわれわれのもとに到来して来ている。それを感得する場を「現生」とするのである。したがって、現生とは現世のことではなく、浄土や往生を感得し、自覚する「場」のことをいうのである。

浄土や往生を死後の事柄として来世に押しやるなら、浄土はわれわれと全く無縁なものになる。しかし、浄土は未来から、死すべき者としてのわれわれ衆生の生きる世界に到来し、何らかの形ではたらきかけている。武内義範の言葉を借りるなら、浄土は、「未だないという否定を含んだ形で現在に到来してきている」。そのような「将来する浄土」を受け止め、自覚する場がなければならないが、それを「現生」とするのである。したがって、現生往生がいわんとするのは、往生や浄土が現世であるということではなく、現世を超越する浄土を感得する場は、死後ではなく現生になければならないということである。

仏教史では往生思想の起源は「生天思想」にあった。それゆえ、もともと往生は死後であった。現世往生という概念は、丸い四角というように、往生の概念そのものに矛盾する。小谷氏は、仏教学・仏教史学者として、そのような往生概念を破壊する現世往生論は断固粉砕しなければならないと決意されたのか。しかし、氏が曽我の「現生往生論」を「現世往生論」と思い込まれたのは見当違いであった。氏は、中世の騎士物語を読みすぎたドン・キホーテが風車を悪しき巨人と間違えて突撃したように、曽我の現生往生論を、往生概念を破壊する巨人と錯覚してこれに激突されたのである。

四、親鸞は真宗の教えの根幹に回向を捉えた。回向とは何か。それは、如来のはたらきが天空ではなく、衆生の歴史的世界に現れ、呼びかけてくることである。歴史的世界に生きる衆生があって初めて「回向」や、「回向成就」ということもありうる。回向の核心が、如来のはたらきを現生において受け取るところにあるなら、回向のはたらきを受け取るところに成立する往生もまた、現生において捉えられねばならない。

五、現生往生はどのようにイメージされるか。大橋良介氏は、西谷啓治先生と吉田神社の参道を歩いていたとき、先生は、「こうやって歩いている一歩一歩がそのまま西方十万億土の浄土への一歩一歩になっている」といわれたと語っている。この言葉で、現生往生の要が語られているともいいうる。現生往生とは、如来によって回向された往生の道を、現生において一歩一歩あゆむことである。親鸞は、その道は信に始まり、究極において「臨終一念の夕べ大般涅槃を超証する」に至るとして、その道を歩むことを「難思議往生」と捉えた。

地上の一歩がそのまま浄土への一歩であることを約束し、保証するものは何か。それは「本願の信」である。それゆえ親鸞は、難思議往生の道は本願の信に始まるとして、双樹林下往生を離れ、信において往生の道の起点に立つところに「即得往生・住不退転」の意義があると捉えたのである。これが「本願成就文」の「即得往生」に親鸞が加えた注釈に対して、曽我が示したもう一つの解釈である。

六、小谷氏は、親鸞が「往生」を現生において捉えるなら、「正定聚」の場合のように、それを死後から現生に読み替えた証拠があるはずだが、それは経文のどこにも見当たらないといわれる。しかし、親鸞にとって、正定聚に関して読み替えたならば、往生に関してことさらに読み替えたことを示す必要はなかった。なぜなら、正定聚とは往生の有り様を示すもの、すなわち、往生の道が必ず涅槃を証するに至る圏内に踏み入ったという確信を示すものだからである。正定聚が現生の事柄であることが示されるなら、往生も当然、現生の事柄となるのである。

だが、親鸞は往生に関して読み替えの証拠を示していないわけではない。その証拠はいたるところにあって、見える者には見えるはずである。それは、「三願転入」の「いま……速やかに難思往生の心を離れて、難思議往生を遂げんと欲う」と述べている言葉において、また、『愚禿鈔』において、善導の「本願を信受するは前念命終・後念即生」という言葉が取り上げられているところにおいて、また、「証巻」の標挙の「必至滅度の願」に「難思議往生」という名を付していることにおいて示されている。

ただ、親鸞が、正定聚を現生のことと明確に述べたのに対して、往生に関してはそれを同じように表立った仕方で示さなかったことの理由としては、親鸞の時代は死後往生の思想が支配していた中世であったために、読み替えをあからさまに示すことによって生じる無用な混乱を避けなければならなかったという事情が考えられる。ただし、本願に立脚するところに成立する「難思議往生」の意義を深くつかむなら、往生が現生における宗教的意識の有り様を示すものであることは自ずから明らかになると親鸞は考えていたと思われる。親鸞の思考において、「顕」の義よりも「彰隠密」の義が重要な意味をもっていたことを忘れてはならない。

〈註1〉小谷氏が、親鸞の死後往生説を支える論拠として取り上げられているのは、『大経』の本願成就文の「即得往生」という語に、親鸞が『一念多念文意』その他において加えた注釈に対する櫻部建師の解釈である。

いったい、櫻部師は親鸞のその注釈をどのように読まれたのか。親鸞の注釈というのは、「即得往生というは、即はすなわちといふ、ときをへず日をもへだてぬなり、また即はつくといふ、その位にさだまりつくといふことばなり。得は得べきを得たりといふ、真実信心をうれば、すなわち無碍光仏の御こころのうちに摂取して、すてたまはざるなり。摂は収めたまふ、取はむかえるとまふすなり。おさめたまふとき、すなわち、とき日おもへだてず、正定聚のくらいにつきさだまるを、往生をうとはのたまえるなり」というものである。櫻部師は、親鸞のこの注釈は、「正定聚に定まるのがただちに往生だ」という意味ではなく、経文にいわれている即得往生とは「正定聚に定まることを直截にそう言い表してあるのだ」という意味だと理解された。つまり、「往生を得ると経文に言われているのは正定聚に定まるという意味にすぎない」、「正定聚に定まることを往生をうると述べただけである」というふうに読まれた。小谷氏は櫻部師のその解釈を根拠にして、親鸞が死後往生の考えを抱いていることを論証された。そして、現世往生説を抱くものは、親鸞のこの苦心の読解の努力に気づかず、これを文字通りに読んだ不見識によるものとして弾劾されたのである。

しかし、櫻部師のこの解釈は親鸞の死後往生説を証明する論拠とはならない。なぜなら、親鸞の注釈を公平・無私な眼差しで読むなら、「正定聚の位につき定まるを往生をうとのたまえるなり」という文章を、師のように、「往生をうというにすぎない」と否定の方向にバイアスをかけて読むことはできないからである。そのように読むためには、前もって、往生は死後であるという見方をそこに投入しているのでなければならない。そうすると、櫻部師の解釈は、往生は死後であるという結論をあらかじめ前提としてなされており、証明すべき結論を先取りして、それから結論を導いておられることになる。それは「論点先取」であり、論証としては詭弁であって、その論証は無効となるのである。詭弁の詭弁たるゆえんは、応々にして、それを用いる当人に、そしてまた周囲にも詭弁であることが容易に見抜きがたいところにある。

（註2） 親鸞が本願成就文に加えた注釈に対する二つの解釈は、それぞれどのようなものかを見ておきたい。

「本願成就文」は、「十方恒沙の諸仏如来、みな共に無量寿仏の威神功徳の不可思議なることを讃嘆したまう。あらゆる衆生、その名号を聞きて、信心歓喜せんこと、乃至一念せん。至心に回向したまえり。彼の国に生まれんと願ずれば、すなわち往生をえて（即得往生）不退転に住す。ただ五逆と誹謗正法とを除く」というものである。

この「即得往生」という語に、親鸞は『一念多念文意』や『唯信鈔文意』その他において、「即得往生というは、即は、すなわちという、ときをへず、日をへだてぬなり。また即は、つくという。その位にさだまりつくということばなり。得はうべきをえたりという。真実信心をうれば、すなわち、無碍光仏の御こころのうちに摂取して、すてたまわざるなり。……おさめとりたまうとき、すなわち、ときをへず、正定聚のくらいにつきさだまるを、往生をうとはのたまえるなり」という注釈を加えたことは、上に見た通りである。
この親鸞の注釈には二つの解釈がある。一つは櫻部・小谷氏の解釈であり、もう一つは曽我の解釈である。

小谷氏の解釈　氏は、親鸞のこの注釈を読んだとき、最初は親鸞の往生の理解には死後と現生との二つがあると考えていた。ところが、氏の先生である櫻部師のこの箇所の説明を注意深く読んで、そうでないことがわかった。そして、目から鱗が落ちたように、現世往生の考えは消え去ったといわれている。では、櫻部師はどのように読まれたのか。

櫻部師は、この注釈を読むと一見、親鸞は「即得往生とは正定聚に定まることである」と述べているようにみえるが、それは間違いであって、正しくは、「正定聚に定まることを、往生を得るというにすぎない」と親鸞が言っているのだと読まれた。より明確にいうなら、親鸞は「即得往生」という言葉の内実を説明して、それを「正定聚に定まること」と注釈したのではなく、「即得往生」という言葉が異例で不完全な語であると見なして、その語を退けるため、あるいは留保するためにこの注釈をつけたと理解された。小谷氏は櫻部師のこの解釈に触れて目から鱗が落ちる思いをされた。そして、現生往生の考えは消え去って、死後往生の考えは決まったといわれている。

親鸞が「即得往生」という語を不適切としてこの箇所から取り除いたということは、親鸞は往生を現生ではなく、死後と捉えていたからだと氏は帰結された。櫻部師の解釈から氏はそういう結論を得て、近代教学が、現生往生説を唱えたのは、親鸞のこの苦心の読み替えの意図を見抜けなかった不見識によるものと断定されたのである。つまり、親鸞が「即得往生」に注釈を加えた意図は、「即得往生」の語を異例と感じて退けるためであったのに、近代教学に立つ人々は親鸞のその語を文字通りに読んで、往生とは正定聚に定まることだから、往生は現生のことになると考えた。近代教学者の現生往生論は、このようないい加減な文献の読み方に基づくとされたのである。

しかし、いったい、氏が櫻部師の読みを唯一の正しい読みだと思い込まれたのはなぜか。それは、氏が、櫻部師と同じように、「往生は死後である」という思い込みをもとに、それに合致するように親鸞の注釈を読まれたからだといわねばならない。実際のところ、「正定聚に定まることを往生をうとのたまえるなり」という親鸞の注釈を、無私で公平な眼差しで読むなら、櫻部師のような方向に決めてしまうことはできない。櫻部師のように、「正定聚に定まることを往生をうというたにすぎない」と否定の方向にバイアスを懸けて読むには、前もって「往生は死後だ」という考えを抱いて読むのでなければ不可能である。とするなら、氏は親鸞の注釈から結論を導く前に、結論を先に抱いて親鸞の注釈を読まれたことになる。それは先に述べたように「論点先取」であって、論理学では詭弁といわれる議論となる。それゆえ、上に見た氏の論証は無効になるのである。

曽我の解釈　では、櫻部師とは異なる曽我の解釈はどのようなものか。見失ってはならないのは、曽我は小谷氏がいわれるように、親鸞の注釈を解釈しないまま文字通りに読んだのではなく、より深い解釈を加えて読んだということである。

曽我は成就文の「即得往生」という語に加えた親鸞の注釈を、櫻部師や小谷氏が解釈されたように、異例なもの、不適切なものとして退けようとするのではなく、「即得往生」という語に内包されている意味を明らかにし、その語を補充し、生かそうとするものと解釈したのである。つまり、往生という語を語を取り除いて、それを「正定聚」という語に取り替えるためではなく、往生という語が正定聚をその内実、もしくは骨格としてもつことを示そうとするものと解したのである。つまり、往生という注目すべきことは、親鸞の注釈をこのように解釈するとき、往生の概念が変更されてくるということである。すなわち、往生は「点」としてではなく、「道」として捉えられてくるということである。往生は現生か死後かと問うたとき、往生は点的に捉えられていたといえる。小谷氏が、「即得往生」という語を異例なもの、あるいは差し支えのあるものとして保留する方向に親鸞の注釈を解釈しなければならなかったのは、往生を死後に生じる出来事としてはじめから点的に捉えられていたからである。しかし、往生を道として捉えるとき、往生は「正定聚の位を生きること」となる。すなわち、往生は、信と同時に始まりその究極において成仏に至る道を歩むこととなる。そのとき、信を獲ると同時に即得往生ということは、往生の道に踏み入ったこととして、不自然でも異例なことでもなく、無理なく受け容れられるようになるのである。

親鸞が成就文の「即得往生」に「正定聚に定まること」という注釈を加えたことの意味を、このように解するのでなければならない。即得往生が正定聚に定まることだということは、往生とは、信と同時に始まり、その究極において成仏に至る道を歩み始めたということである。往生が定まるということは、死後に往生するということではなく、往生の道を現に歩み始めたということである。その究極にまで歩み尽くして成仏に至っていないが、すでに往生の道を歩み始めたことを、往生を得る、あるいは、往生が定まるというのである。

親鸞が「正定聚」に「わうじやうすべきみとさだまるなり」という左訓を付したことも、このように解釈することができる。往生とは正定聚の位を生きることであって、それは信とともに始まり、究極において涅槃を証して成仏に至る道を歩み始めたことと考えられるのである。

曽我は、往生をこのように理解することは、往生の概念を拡大解釈することだという。往生の概念を拡大解釈することで初めて、信を獲ることが「即得往生」であるということも筋が通ったこととして受け取られてくる。櫻部師や小谷氏、そして伝統的な教学は、往生を点と捉えたために、即得往生という語が奇異で邪魔になり、摂論家の「別時異説」に訴えるというような、もって回った無理な解釈をされなければならなかったのである。

しかし、このような拡張された往生の概念は、曽我が勝手に作り出したものではない。「道」としての往生の概念は、先にも述べたように、『大経』下巻の三毒・五悪段の手前のところで示されている。そこでは、「必ず超絶して去って、安養国に往生するを得れば、横さまに五悪趣を截りて、悪趣自然に閉じん。道に昇るに究極なし。往き易くして人なし。その国逆違せず。自然の牽くところなり」と述べられている。ここで「昇道極まり無し」といわれているのは「往生の道」のことである。その言葉で、往生の道が現生を通って、死後の大般涅槃の境涯に通じていることが示されている。しかし、往生の道の出発点は信を獲たところにある。こうして、正定聚に住することと往生の道を歩むことは重なってくるのである。「即得往生」に加えた親鸞の注釈を、このように解釈することができる。そして、このように解釈することが自然であり、親鸞の真意に適っていると思う。

往生という概念を拡大解釈して、信を獲たところに始まり、現生を貫き、その究極において涅槃を証するに至る道を歩むことと捉えるとき、往生と正定聚は、概念としては異なりながら、併走し、重なり合い、響き合うものとなってくる。その往生の道の特質を示すものが「正定聚」である。これが曽我の往生の理解である。そこでは往生は死後のことではなく、現生を通って死後に大般涅槃に至る道を歩むことになる。親鸞は、そのような往生の理解を「難思議往生」と捉えたのである。

現生往生とは何か——曽我の往生論——

1、現生往生論とは何か

小谷信千代氏は、先に述べた三著作において、「曽我を始め、近代教学を奉ずるものは親鸞は現世往生を説いたと主張しているが、親鸞は死後往生を説いたのであり、したがって、近代教学は親鸞の往生論を誤解するものである」という見解を発表された。しかし、氏が、近代教学が説いたとされる「現世往生論」とはどのようなものであるかは実ははっきりしない。いったい、氏は、曽我の往生論をどのようなものと見なして批判されているのであろうか。そして、曽我は、氏が考えられているような現世往生論を実際に説いているのであろうか。このことについては不明確なところがあるといわねばならない。それゆえここでは、曽我が説いた往生論はどのようなものであったのかを先ず明らかにしておきたい。ところで、小谷氏は「曽我をはじめとする近代教学を奉ずる人々」と一括されているが、その中に含まれる人々の見解は必ずしも同一ではないので、ここでは曽我の見解のみを取り上げて考察することにしたい。

曽我の往生論を追究する場合、注意しなければならないのは「現世往生」と「現生往生」との間にある違いである。両者は同じことのように見えるが、その間には重大な違いがある。曽我が説いたのは「現生往生」であって、「現世往生」ではないということが見逃がされてはならない。

では、両者はどのように異なるのか。「現世」とは三世の一つで、生まれる以前の「前世」や死後の「来世」に対比していわれる。すると、「現世往生」とは、従来死後の「来世」に捉えられてきた往生を現世において生じる出来事とすることになる。では、死後にあった往生が現世において生じるとすればどうなるか。往生は奇怪なもの、考えられないものになるといわねばならない。そういうわけで、小谷氏はある編集者のインタビューに答えて、「現世往生といっても、この世で往生するというようなことは考えられますか」といわれ、また、氏の師匠の櫻部建師の言葉だとして、「この世で往生するなら、穢身をもったまま成仏することになるが、そのようなことは考えられますか」といわれるわけである。死後の出来事であった往生が現世で生じるとなると、現世は浄土でなければならないことになり、また、穢身のまま成仏するということになる。すると、現世往生は「娑婆即寂光土」や「即身成仏」を説くこととなる。それはたしかに「奇怪な主張」だといわねばならない。そこでは、浄土は現世に取り込まれて超越性を失い、一種の「ユートピア」のごときものとなって救済の機能をもたないものとなる。

しかし、曽我はそのような「現世往生」を説いているのではない。曽我が説いたのは「現生往生」であって、「現世往生」ではない。では、「現生往生」とはどのようなことをいうのか。注意すべきことは、「現生」とは、三世の一つとして、前世や来世から区切られた特定の時間・空間ではなく、浄土を感得し、受け取り、生きる場として、三世を包み込んでいるということである。浄土は此土を超越しているが、そのような超越的浄土を感得する場は此土になければならない。現生とは本願を受け取り、自覚する場所、つまり信の成立する場であって、したがって、救いが感得される場のことである。そのような自覚の場所を確定することなしに往生といっても意味はないのである。

「現世往生」では浄土は現世に取り込まれて、浄土は超越性をもたないものとなるが、「現生往生」では、現世を超越した浄土を感得し、自覚する場が「現生」となるのである。超越的浄土を感得する場が現生において確保されることによって、はじめて浄土の超越性が保持され、救いが成りたつ。ここに「現世往生」と「現生往生」の決定的な違いがある。この違いを見失って、「現生往生」と「現世往生」を混同するならば、「現生往生」は全く「わけのわからぬもの」となるといわねばならない。小谷氏が曽我の現生往生論を奇怪な主張だとして否定されたのは、両者を混同されたからである。その結果、氏は、曽我の往生論でないものを曽我の往生論だとして、つまり、現生往生論を現世往生論と取り違えてそれを否定されているのである。

曽我が「現生往生」ということでどのようなことを示そうとしたのかを正確に理解するなら、曽我の往生論は親鸞を誤解したものであるどころか、逆に親鸞の往生思想の核心部分をつかんだものであることが明らかになる。親鸞は往生思想の要を「難思議往生」に捉えた。そこで親鸞が明らかにしたのは、「双樹林下往生」においては不明確であった往生の起点である。親鸞はそれを「本願の信」に立つところに捉えた。信とは、如来の本願が受け止められ、自覚される場所にほかならないが、その信の成立する場所を曽我は「現生」に捉えたのである。その意味で、「現生往生」は本願の信に立つところに成立する「難思議往生」の要を押さえたものであることを見失ってはならない。

それゆえ注意すべきことは、繰り返すことになるが、曽我の往生論は浄土を現世にもってくるというような現世主義、現世往生論を説くものではないということである。浄土はあくまでも現世を超えている。だが、浄土が現世を超えているということは、浄土がわれわれに無縁だということではない。現世を超えた浄土が何らかの形で現生において感得されるところに信があり、救いがある。その信の場は現生になければならない。そのように捉えるのが現生往生である。

浄土を死後の世界として未来に押しやるならば、浄土はわれわれに全く知られないものとなり、浄土はわれわれにとって無意味なものとなる。超越的世界としての浄土がわれわれに救いをもたらすものであるためには、それが何らかの形でわれわれのもとに到来し、働きかけ、感得されるのでなければならない。超越的世界としての浄土のはたらきを自覚する場所を「信」とするなら、その信の成立するところに捉えられるのが「難思議往生」である。そして、浄土を超越的なものとして感得する場所としての「信」がもつ重要性に注目するところに「現生往生」があるのである。

往生を死後の事柄として現生に関わりのないものにするなら、死後に往生するといっても、そのことを感得し、確証するものはないから、そこでは救いは成立しない。従来の「死後往生」の思想は、救いの成立する場をもたなかった。そのかぎり、往生は漠然とした夢想に止まって、救いの確信は成立しなかった。一方、親鸞は、往生を信との関わりにおいて捉えることで、救いの成立する場を明らかにした。往生は、信と救いが成立する場を主眼として捉えられることにより、「現生」の事柄となったのである。それが「難思議往生」である。曽我が「現生往生」というのは「難思議往生」のことに外ならない。その意義は、「双樹林下往生」においては不明確であった、超越者と触れる場所を確定したことにあることが見失なわれてはならない。

「双樹林下往生」では、往生は死後とされていたため、往生の起点は捉えられなかった。それゆえ、その往生は不安に包まれていた。親鸞は、往生の起点を信に捉えることによって、その不安を乗り超えた。ここに難思議往生の意義があるのである。

2、回向としての「将来する浄土」

往生を死後に捉える「双樹林下往生」と、それを現生の事柄とする「難思議往生」という二つの往生の有り様を時間の観点から考察したい。

われわれが生きる時間は通常、過去から現在へ、そして現在から未来へという具合に、過去から未来へと流れる方向に捉えられている。そのような時間表象のもとで、われわれは絶えず現在を抜け出て未来へ向かい、未来を先駆している、つまり、われわれは未来を想い描き、それを先取りして生きている。このような時間表象のなかで、往生は死後のこととして未来に思い描かれているのである。往生をこのように捉えているのが「双樹林下往生」である。そこでは、往生は未だない未来の事柄として思い描かれているがゆえに、それは不確かさと不安に包まれており、したがって、われわれの救済はそこでは成立していないといわねばならない。

一方、時間は、未来から現在へ到来するものとしても捉えられる。そこでは、未来はわれわれの思いによって先取りされるのではなく、われわれを超えてやってくるものとして純粋未来である。そこにおいて、浄土は未来から現在へ到来するものと受け取られる。武内義範師はそれを「将来する浄土」と名づけている。そこでは、浄土は、「いまだないという否定を含んだ形で」現在に到来するものとなる。浄土がそのように未来から現在に到来すると感得されるところにおいて初めて、「浄土の超越性―彼岸の世界としての浄土の在り方―というものを、真実の、現在する自己の根底として自覚することができるのであろう」（『武内義範著作集』第二巻、一二〇頁）と武内師はいわれる。そして、「ほんとうの自覚は、将来から現在へという形で自己が見直されて初めて成立するということである。そして、自己がこのように自覚され直されたときに初めて浄土という言葉であらわされるような新しい世界が自覚の根底に、自覚を成立せしめる場として―自覚を成立せしめる時間の場として―成立するとわれわれは考えたい」（『同』一二〇頁）といわれる。このように、浄土が未来から現在に到来してくると捉えるところに「現生往生」が成立する。そして、そこに「難思議往生」という往生の有り様がある。このように、浄土が未来から現在に将来すると受け取られることにおいて初めて、「回向」ということも現実的な事柄として感得されるのである。

難思議往生において、浄土が未来から現在に将来すると捉えられるとき、注目されなければならないことは浄土に生まれることとしての往生は、生きられるべき「生」、あるいは歩むべき「道」となるということである。「双樹林下往生」においては、時間は未来から現在に到来するものでなかった。それゆえ、そこではそのような道はなかった。道は回向されなかったために、往生は、未来に漠然と思い描かれ、「臨終の来迎」が待ち望まれるしかなかった。しかし、「難思議往生」においては、往生は彼方から回向されたものとして道となり、その道を現生において一歩一歩あゆんで究極において大般涅槃を証するに至ることとなる。本願の信においてその道に入ったことが確信されるところに「現生正定聚」といわれることがある。「本願成就文」において、信を獲ると同時に「即得往生、住不退転」といわれるゆえんがそこにある。しかし、そこで「即得往生」といわれることは、その往生の道の究極に至ったということではない。信において往生の道の起点に立ったということ、すなわち、往生の道に踏み入ったことを意味する。「即得往生」とは「往生が定まった」ということであるなら、そのことは死後に往生することが定まったということではなく、「往生の道に踏み入った」ということを意味するのである。親鸞が『大無量寿経』の「本願成就文」の「即得往生」という語について、『一念多念文意』その他において「正定聚の位につき定まること」という注釈を加えたことの理由は、そこにあるといわねばならない。往生が道であるなら、その道の起点に立ったということは、その道を歩み続けるなら必ずその終着に至るということを意味する。それゆえ、「正定聚の位に定まること」といわれることは「往生」を得たということになるのである。そこでは、「往生が定まる」ことは往生の道にふみ入ったということであり、その道を歩むなら究極において必ず成仏に至るということを意味するのである。往生の道の起点に立ったということは、その道の終極に至ったということではないが、その道は必ず成仏に至るがゆえに、その道の起点に立ったということはすなわち「往生」を得たということだといいうるのである。そういうわけで、親鸞は「即得往生」とは「正定聚の位につき定まる」ことであると述べたのである。

このように見るとき、親鸞が「本願成就文」の「即得往生」という語に「正定聚の位につき定まること」という注を付したのは、小谷氏がいわれるように、その語から即得往生の意味を取り消すためではなく、むしろ、即得往生が内に含んでいる意味を掘り起こすためであったということが知られてくるのである。

「難思議往生」をこのように捉えるとき、この世の彼岸とされる浄土の見方が変わってくる。それは、「単に西方十万億土とか、あるいは死後の世界としてだけ考えられているような静止的な世界ではなくて、むしろダイナミックに、この世界に関係してくるものとなる。しかし、同時に「西方浄土」というような、彼岸の超越性をあらわす象徴でなければならないような面をいつでも残している。そういう面を残しながら、その浄土がいつも現実のわれわれの世界に入ってきている」と武内師はいわれる。浄土は未来から現実のわれわれの世界に入ってきてはたらき、われわれはそのはたらきを受け取って現生を生きているものとして捉えられてくる。そこに往生の問題が「回向」と結びついてくるゆえんがある。

そこで、武内師はその「将来する浄土」の道を歩むところに往相・還相の回向のはたらきを捉えて、次のように述べられている。「往相と還相ということがあるところに将来する浄土というものがあり、そこで初めてわれわれの宗教的な在り方が成立する。［弥陀の回向成就して往相還相二つなり、これらの回向によりてこそ心行ともにえしむなれ」という親鸞の言葉が示すように、われわれが行心とか信仰の立場に立つときには、いつも往相と還相という二つの回向の世界に生きている、――私自身の表現に従うと――、将来する浄土というものの中に生きているのであるが、時間はそこでは未来から現在へと将来してきている」（『武内義範著作集』第二巻、一二〇頁）と。

「難思議往生」において、浄土が未来から現在に将来すると捉えられるのは、その回向する浄土のはたらきを現生において受け止め、自覚することによってである。浄土のはたらきを現生において自覚することが信と言われる。往生が信において如来のはたらきに乗託して生きるところに成立するとき、往生は死後ではなく、現生の事柄となる。浄土のはたらきを現生において受け取るところに、回向があるのである。

親鸞は回向を浄土真宗の教えの根本に置いた。回向とは如来のはたらきが天上ではなく、衆生の生きる世界に出現してはたらくことである。そのことは浄土が未来からわれわれ衆生の現生に到来するということである。そのとき、往生とは、回向のはたらきに乗じて現生を一歩一歩あゆみ、その究極において大涅槃を証するに至ることを意味するものとなる。往生が回向によって成立するがゆえに、往生は死後の事柄ではなく現生の事柄となるのである。

親鸞は、如来によって回向された往生の道を、現生において一歩一歩あゆむことを「難思議往生」と捉えた。現生の一歩がそのまま浄土への一歩であることを約束し、保証するものは本願の信である。それゆえ、親鸞は「難思議往生」の道は本願の信に始まるとして、信において往生の道の起点に立つところに「即得往生、住不退転」の意義があるとして、本願成就文の「即得往生」という語に、『一念多念文意』その他において、「正定聚の位につき定まること」という注釈を加えたのである。

3、往生を道と捉えること、往生は起点か終極か

往生は現世の事柄か死後の事柄かという当面の問いの出所を探ってみると、その問いは親鸞の往生理解ではなく、それを解釈した真宗の伝統的教義に淵源すると思われる。

真宗では伝統的に往生は次のように捉えられてきた。すなわち、往生は信の一念において定まる。しかし、往生が定まったということは往生したということではなく、往生の約束が成立したということであって、実際に往生するのは現生ではなく、死後である。信に関しては、信が決定したということとは信を獲たことであるが、往生に関しては、往生が決定したことは往生したことでないとして、「往生が定まること」と「往生すること」とは区別されてきたのである。

いったい、真宗の伝統的な往生理解において、往生が定まることと往生することとが区別されてきたのはなぜか。それは、真宗のそのような伝統的な往生理解は、私見であるが、「双樹林下往生」と「難思議往生」とのアマルガムから成り立っていることによると考えられる。周知の通り、親鸞は「三願転入」において、臨終往生を説く「双樹林下往生」を離れて、本願の信に立つ「難思議往生」

に転入したと宣言した。しかし、親鸞が久しく離れた双樹林下往生が、真宗の信者たちの間でなお捨て切られずに残り、それが難思議往生と組み合わされて、「往生が定まること」と「往生すること」との二つに分けて合体するという往生理解をうみだしたのである。

ではなぜ、親鸞が克服したはずの双樹林下往生が信者たちの間でなお捨てられないで残ったのか。それは、浄土教の死後往生の考えが依然として当時の人々を強く縛っていたからであると考えられるが、さらには、親鸞が強調した難思議往生の立場が徹底され、貫かれなかったからであると考えられる。もし、本願の信に立つ「難思議往生」の立場が徹底されたなら、往生を死後に捉える「双樹林下往生」の立場は克服され離れられたであろう。だが、それが徹底されなかったために、「難思議往生」の立場になお死後往生の考えが侵入してきて、両者のアマルガムからなる真宗の伝統的な往生理解が形成されてきたのである。こうして、真宗の伝統的な往生理解は親鸞の考えそのものではなく、親鸞が邪定聚として捨てた双樹林下往生と親鸞が正定聚として取り上げた難思議往生との組み合わせからなりたっているのである。

そういいうるなら、親鸞の往生思想を真宗の伝統的な往生理解から捉えるのではなく、それを一度解体して構成し直さなければならないように思われる。

親鸞が捨てた双樹林下往生とはどのようなものであったのであろうか。その本質を明らかにするには、浄土教の往生思想の源となる生天思想にまで溯らなければならない。仏教の目標は正覚を得て仏になること、つまり、「成仏」して輪廻の輪の外に出ることにあった。しかし、この娑婆世界で修行し悟ることができるのは特別な力量をもった人々に限られており、すべての人々に可能であったわけではなかった。そこで生じたのが「生天思想」である。娑婆世界で悟ることができない人々には、「天」に生まれることによって救われるという道が説かれた。その「天」の観念がより洗練されて「浄土」の観念に高められたことによって、浄土教の「往生思想」が生じたのである。したがって、浄土教においては往生はもともと死後であったのであり、死後往生の思想は浄土教の歴史を貫いて、人々を支配してきたのである。「双樹林下往生」の基礎にあったのは、そのような死後往生の思想であった。

「双樹林下往生」では往生は死後であるから、そこでは人々の関心の中心は如何にして死後に浄土に生まれるかということに向けられることになる。そこで、浄土に生まれるための条件として、さまざまな行儀や作法が行われることになる。それゆえ、その往生は「諸行往生」といわれた。そこでは、人々の眼差しは現生を抜け出て、往生が実現するところの死後の未来に向けられることになるのである。

しかし、親鸞にとって重要であったのは、そのような「双樹林下往生」を去って「難思議往生」に転入することであった。その理由は、自力の諸行によって浄土に生まれようとしても、それは不確かであり、不可能であると親鸞は悟ったからである。そこで、死後の浄土に往生しようとして行うさまざまな儀式や修行に代わって、親鸞が唯一確実な道として選んだのは、本願に乗託することによって浄土に生まれることであった。その道を親鸞は「難思議往生」と捉えたが、それは本願の信に立つ道であったことは改めていうまでもない。

注目すべきことは、そこで往生の理解にどのような変化が生じるかということである。往生が衆生の諸行ではなく、如来の本願のはたらきによって実現するとされるとき、衆生の関心の方向が異なってくる。そこでは、如何にして死後に往生するかではなく、如何にして如来のはたらきに乗託するかということ、つまり、本願の信を獲ることに関心の中心が置かれることになる。死後往生という未来に向けられていた関心は、信を獲るという現在に向けられることになる。そこに、「死後往生」に代わって「現生往生」という理解が生じてくるゆえんがあるのである。

先に述べたように、小谷氏は、櫻部師の解釈にしたがって、親鸞が『大無量寿経』の本願成就文の「即得往生」という語に「正定聚に定まること」という注釈を付したのは、『経』に、信を獲れば「即得往生」とされていることが異例で不自然なので、「即得往生」という語を信を獲るということから外して死後にもってゆくためであると解釈された。しかし、親鸞の注釈をそのように解釈することは、親鸞が「難思議往生」に捉えた往生理解を「双樹林下往生」、すなわち、「諸行往生」に引き下ろすものであるといわねばならない。それは、親鸞が本願力回向によって往生は成就するとした理解を否定するものといわないまでも、その意義を十分に生かさないものであるといわねばならない。「信を獲ることによって往生は決定するが、決定するだけで、往生するのは死後である」という真宗の伝統的な往生理解は、このように「難思議往生」の意義を徹底して追究しなかったことから生じたということができる。

往生が衆生の行によってではなく、如来のはたらきによって実現するとされるとき、衆生の眼が向けられるのは往生の出発点である。そこに信を獲ると同時に、即得往生といわれるゆえんがある。注目すべきことは、そのとき、往生は点ではなく、「涅槃を証するに至る道を歩むこと」になるということである。親鸞が「即得往生」に「正定聚につき定まること」という注釈を付したのは、この往生の道は必ず大般涅槃に至ると述べたものである。「正定聚」に定まるということは、まだ往生していないことをいうのではなく、本願の信において与えられた往生の道は必ず涅槃に至るということであって、その確信に裏付けられて往生の道を歩むことを親鸞は「難思議往生」と捉えたのである。したがって、正定聚とは、往生の道の性質あるいは特性を述べたものであって、その道が「如来の家の領域」に入ったことを示すものである。すなわち、その往生の道が邪定聚や不定聚ではないということである。このように捉えるとき、正定聚は往生は重なり合うものとなるのであって、「正定聚」は現生であるが往生は死後というふうに両者を分けて考えることは不適切であるということになる。

真宗の伝統的な往生理解は、往生を二つの往生の合成からなるものと捉えてきた。すなわち、往生を死後に捉える「双樹林下往生」と、往生を本願の信に立つ道を歩む「難思議往生」とのアマルガムからなりたつものとしてきた。そのことが一方で、「正定聚」を現生において「往生するに定まる」こととし、他方で、「往生する」ことを死後として、往生と正定聚を切り離して繋ぐという往生理解を生じてきたのである。現生においては「往生することが定まる」だけで、まだ「往生していない」とする往生理解は、往生を死後の未来の事柄とする「双樹林下往生」の残滓を引きずっている。一方、現生において「本願の信に立つところ」に正定聚に定まるとする往生理解は、本願の信に立つことによって往生の道に踏み入るという、「難思議往生」の要を捉えたものであったが、それが正定聚と往生を切り離し、「往生する身に定まる」ことは「まだ往生したことではない」としたとき、それは「難思議往生」の意義を徹底しなかった。こうして、真宗の伝統的な往生理解は、親鸞の往生理解を親鸞以前に引き戻したのである。大般涅槃を証するに至る「往生の道に踏み入った」ことを意味するのである。

4、難思議往生の内実を示すものとしての現生正定聚――道としての往生――

親鸞は「双樹林下往生」を離れて「難思議往生」に帰入したが、両者の違いは、安富信哉師の言葉を借りるなら、前者が往生を死後に生じる出来事として「点的」に捉えるのに対して、後者はそれを、信において本願を生きることとして「道」と捉えるところにあると先に述べた。すなわち、難思議往生は「往生」を、信を獲たところに始まり究極において大般涅槃を証するに至る「大道」を現生において一歩一歩あゆむことと捉えるのである。往生がそのような道を歩むこととなるのは、その道が本願の信において如来から回向されたものと捉えられるからである。

往生が、如来から回向された本願の道を歩むことと捉えられるとき、往生の起点は本願の信を獲たところに始まることになる。それゆえ、親鸞は信を獲て往生の道の起点に立ったところに「即得往生」の意義があるとして、それに「正定聚につき定まること」という注釈を付したのである。正定聚とは、往生の道を歩むものは必ず大般涅槃を証するに至ることを保証された人々であるがゆえに、信に立つとき「即得往生」といいうるのである。したがって「往生が定まる」ということは、まだ往生していないという否定的な意味ではなく、現に往生の道にふみ入ったという積極的な事態を意味するのである。親鸞が「正定聚」に左訓して「往生する身に定まること」と述べたことの意味を、このように理解しなければならない。

往生が「道を歩むこと」と捉えられるとき、従来の往生概念は拡張されてくる。往生はもはや死後の出来事として点的に捉えられない。それは、信に立つところに始まり、その究極において大涅槃を証するに至る「大道」を歩むことと捉えられる。曽我はそのように往生概念を拡大解釈することを提案している。しかし、曽我は気まぐれや思いつきでそのような提案をしているのではない。そのような往生概念は実は、『大無量寿経』「下巻」の「三毒・五悪段」の手前のところで示されているという。

そこでは、往生は次のようにいわれている。「必ず、超出して去って、安養国に生ずれば、横さまに五悪趣を截り、悪趣自然に閉ず。道に昇るに究極なし。往き易くして而して人なし。その国逆違せず、自然の牽くところなり」。ここでは往生は安養国に生まれることとされて、「道に昇るに究極なし」といわれている。そして、「その国逆違せず、自然の牽くところなり」ということで、その道を往くことが自然・必然であって、「正定聚」という性格をもっていることが示されている。曽我はこのような拡張された往生概念が親鸞の往生理解であり、「難思議往生」だと捉えたのである。

注目すべきことは、往生概念がこのように「道」として拡大解釈されることで、往生は正定聚と重なり、併走するものとなるということである。より精確には、「正定聚」は「往生という道」の性格を示すものとなるということである。

真宗の伝統的な往生理解では、正定聚に定まるのは信を獲た現生であるが、正定聚とは「往生が定まる」ということであって、実際に往生するのは死後とされてきた。「往生が定まる」ということは「まだ往生していない」ということとされてきたのである。しかし、往生概念が拡張されて、本願の信の道を歩むことと捉えられてくるところでは、「往生」は「正定聚」と重なり、相補的となる。このように、親鸞が「難思議往生」を「正定聚」と重ね合わせて捉えていたことは、先に述べたように、『教行信証』「証巻」において「必至滅度の願」を標挙に掲げて、「難思議往生」と併記していることからも明らかである。

「正定聚」について述べた「必至滅度の願」は、従来「必死滅度」という「果」において捉えられてきた。しかし、それは果だけではなく、因においても捉えられなければならないと寺川俊昭師はいわれている(『真宗の大綱』、九九頁)。それゆえ、正定聚は「因」から「果」に至るまでの全過程において捉えられるといいうる。そのことは、親鸞が「必至滅度の願」について、「しかるに煩悩成就の凡夫、生死罪濁の群萌、往相回向の心行を獲れば、即の時に大乗正定聚の数に入るなり。正定聚に住するがゆえに、必ず滅度に至る。……」と述べていることからも明らかである。それゆえ、注目すべきことは、親鸞は「必死滅度」の願によって、「難思議往生」の内実もしくは本質を記述しているということである。すなわち、「難思議往生」は「正定聚の位」を生きることであり、「正定聚」は「難思議往生」の内容を示すものであることを明らかにしているのである。

小谷氏は親鸞が正定聚を現生に移した読み替えがあるが、往生に関してそれを現生に移した読み替えの証拠はどこにもないといわれる。しかし、ここに明らかな証拠がある。親鸞が「難思議往生」を「正定聚」と重なるものと捉えていることを理解するなら、往生を現生に移したことはその読み替えの証拠を求めなくても自ずからわかるはずである。

往生と正定聚との関係をより明確にするために、比喩を推し進めてみたい。往生が道であるなら、正定聚はその道の行き先を示すものである。すなわち、正定聚は道の行き先であって、道を離れてそれ自体としてあるのではない。「正定聚」と名づけられた往生の道を歩むことが「難思議往生」なのである。それゆえ、往生の道を歩むことによって正定聚という位は全うされ、現実化するのである。往生と正定聚はそのような関係にある。「即得往生、住不退転」という経験は、例えば東京へ行こうと目指していた人間がさ迷い歩いた結果、ついに東京行きの列車を見つけて乗り込んだ瞬間の喜びを示しているといえよう。これで必ず東京に着くという確信が往不退転であり、これで東京に着いたも同前という安心が即得往生という語によって示されている。しかし、「正定聚の位につき定まる」、だけでは東京に着くわけではない。列車が発車して実際に東京に向かって動くことで、それは目的地に着く。正定聚に往生が伴わなければならない理由がそこにある。いずれにせよ、正定聚という位をつけた列車があるのであって、正定聚という「位」(行き先)だけが、あるのではない。正定聚という「位」は往生という「内容」(列車)を離れてはあり得ないのである。「現生に正定聚があるが、往生は死後である」という考えは、両者を切り離し、往生という内容に支えられないで正定聚という形式が自存するという抽象的な思い込みに陥っているといわねばならない。

小谷氏は「正定聚」を現生に捉え、「往生」を死後に捉えて、「凡夫が本願力によって現生で正定聚の位を与えられ(往生すべき身となり)、臨終時に往生(即得往生)し仏にならしめられ(臨終一念の夕べ、大般涅槃を超証す)、それが親鸞のいう難思議往生の内容である」と述べられている。氏はここで、正定聚を往生すべき身と定まることとされて、往生と正定聚とを切り離されているが、往生すべき身と定まったものはいったい現生をいかに生きるのか。そのことが氏において不明のままなのである。

しかし、親鸞が、正定聚と往生を切り離して捉えていたのではないことは、先に述べたように、親鸞が「難思議往生」と「必至滅度の願」とを併記していることから明らかである。難思議往生はここでは、信を獲て正定聚に住する者が大般涅槃を証するに至るまでの道程を歩むこと、すなわち、正定聚の位を生きることと捉えられている。このように難思議往生を本願の信の道を歩むこととすることは、従来の、真宗の伝統的な往生理解とはかけ離れているのかもしれない。しかし、このような道を歩むこととする「拡張された往生概念」は、注意して読むなら親鸞の書いたものの至るところに見当たるはずである。

5、本願の信に開かれる浄土—報土—

往生のあゆみが信において本願に触れるところに始まるなら、そこに開かれてくる往生理解は「死後に浄土に往くこと」ではなく、現生において「心に浄土が開かれてくること」となる。そのような往生理解を曽我は「観経往生」と区別して「大経往生」と呼ぶ。『大無量寿経』では、信心をうるなら浄土に往生するという。

一体どうしてそういうことがあるのだと……。これは、つまり「浄土に往生する」というのは、これは大体『大無量寿経』においては、浄土に往くというのはまずもって心が往くということである。心が開けるということでしょう。つまり、心が暗闇の中に閉じられておった、真っ暗い心であった、それが「聞其名号信心歓喜」というところでもって、明るい世界が開けて出て来た。その明るい世界というのがそれが〝浄土〟に違いない」（『曽我量深講話録』第四巻、一九八―一九九頁）。

その浄土は報土といわれる。報土とは信において心に開かれた浄土である。それは死後の世界ではない。それは信と同時に開かれるのであり、それゆえ、「本願成就文」において、「彼の国に生ぜんと願ずれば、すなわち往生をうる」といわれたのである。

そしてまた次のようにいう。

「信心」を獲た時に「おたすけ」を得る。そうすれば「往生」もその時にちゃんと決定した。「往生が決定した」ということは、つまり、私どもに「往生」という新しい一つの生活――新しい世界が開かれて、新しい生活が始まったと――そういうことを「往生」というのでしょうね。ただ、往生というのは死んでから楽しい所へ往ったと……そういうことを「往生する」というのであれば、それは「観経往生」というのである（『同』、一九四頁）。

だから、私どもは、「信心決定」の時に開かれたる浄土をわれわれに与えて下さるのである。閉じられたる浄土は、命終わる時に十九の願によって与えて下さるのであります。開かれたる浄土は、もう既に、現生において、開かれたる心が開かれたる浄土に往生せしめていただくわけであると―こういうことを私は一つ皆様から聴いていただきたいと、こういうふうな願いをもっておるものでございます。これはただ自分は決め込んでおるというわけではないのでありまして、今の時代の一切の人々はみな願っていることではないかと思うのであります（『同』、一七九頁）。

このような往生理解は、曽我が勝手に行ったのではない。それはまた親鸞の理解でもある。親鸞は善導の『般舟讃』を引いて次のように語っている。「信心のひとはその心すでに浄土に居す」と釈し給えり。居すというは、浄土に、信心の人のこころ、つねにいたりというこころなり。これは弥勒とおなじということを申すなり。これは、等正覚を弥勒とおなじと申すによりて、信心の人は如来とひとしと申すこころなり」（『御消息集』『聖典』五九一頁）と述べている。そしてまた親鸞は、「超世悲願をききしより、われら生死の凡夫かは、有漏穢身はかわらねどこころは浄土に遊ぶなり」と帖外和讃に詠っている。こうして曽我は、信心決定したとき「心は浄土にいる」というのが、親鸞の「往生」

理解だというのである。

注意しなければならないのは、このように「心が浄土に居する」ということを、「自性唯心」に沈むものと混同してはならないということである。これは如来の本願に触れて開かれてきた心であるがゆえに衆生の心ではなく、自性唯心とは異質のものであることを見失ってはならない。

ところでこのように、往生の本質を現生において「自由な心」が開かれるところにあると捉えることを妨げてきたのは、往生と成仏とが「往生即成仏」として、共に死後の事柄とされてきたことによる。しかし、往生を成仏と一つにして死後に追いやるならば、往生は成仏と重複して無駄になり、往生という言葉はあってもそれが何を意味するのかわからなくなる。そこで曽我は、往生と成仏を区別し、往生は心の事柄として現生であるが、成仏は身の事柄として死後であるとする。すなわち、往生は、本願に触れて心に新しい世界が開かれてきたこととして現生にあるが、人間は身体を有するかぎり、一切の煩悩から解放されて完全に自由になることはないがゆえに、成仏は身にあるとして、これを身体が滅した死後の事柄としたのである。

従来、本願成就文の「即得往生」は、往生を得たということではなく、往生が定まったということ、つまり「定得往生」といわれてきた。しかし、「信の一念において往生が定まる」ということは、単に「約束が定まった」ということではなく、「往生という事実が決定的である」ということ、つまり、「約束が実行されている」ということである（『同』、一七八頁）と、曽我はいう。それは、「定得」、つまり「往生が定まった」ということは、まだ往生していないということではなく、如来の本願に触れて浄土への道を歩み始めたということである。そこではまだ往生の終極の成仏には至っていないが、すでに、往生の道を歩み始めているがゆえに、「定得」はまた「得生」であるというのである。

「輪転王」の息子は王子になったことに無上の喜びを感じるという。それは、自分はいずれ必ず王になるという確信を王子は有するからである。しかし、その喜びを感じるのは輪転王の息子だけであって、他の者ではないのは、他の者にはその確信はないからである。そうであるなら、王になると定まったというその確信の内に、他の者にない積極的なものが現存しているということである。すなわち、「定まる」ということには「未だない」というだけではなく、未だないということの内に「すでにある」ということが到来しているということである。したがって、「往生が定まる」ということの内に、すでに「往生した」ということ、すなわち「即得往生」の意義が含まれているというのである。「往生が定まった」ということが、往生の道を歩むことであるとき、往生の道を歩むことの内に「正定聚」の確信がある。その確信があるがゆえに、「即得往生」が「正定聚」の理由とされるのである。注意すべきことは、往生をこのように理解することができるのは、先に述べたように、往生を拡大解釈して、点ではなく道と捉えることによってだということである。それゆえ、信において往生の道の起点に立ったところにおいて往生を得たといいうるのである。

そこで曽我は次のように述べる。

信心は平生だが、往生は命おわるときに往生する。……そういうように私どもはお聖教を読んでも……まあお経もそうだし、それから七高僧のお書きなされたものを見ても、ちょっとそういうように見える。それから『教行信証』などを読んでも、何かそういうようにはっきりしない。何か大事なことがはっきりしない。

「信心が定まる」というのは「信心」を獲たということでしょう。「おたすけが定まった」というのはやっぱり「おたすけ」を得たということである。

それなら「往生が定まる」ということもやっぱり往生を得たことでしょう。……そうすれば、「往生」が決定したということもその時に往生は出来上がったということではありませんですか。つまり、仏様の方は「おたすけ」、私どもの方は―助けられた方は往生―。往生というのは助けられた内容でしょう。往生しないでただ「お助けを得た」と……こういうのは何もお助けを得たことにはならぬと私は思うのですよ。そうではありませんかね。あーあ、おたすけだ、おたすけだ……。いくら「おたすけだ」、「おたすけだ」と言うたって内容はない、ただ言葉だけの「おたすけ」である。

「おたすけ」が本当の事実であれば、往生もちゃんと出来上がったのであろう。……そういうふうにしてゆくならば、信の一念に「おたすけ」があるというならば、「往生」もまた信の一念にちゃんと出来上がっておる。「おたすけ」が成就すれば、「往生」もまた成就する。「往生」は成就しない、「おたすけ」だけが成就したと……。そういうことは意味がないと私は思うんですよ(『同』、一九三頁)。

6、浄土と娑婆世界の構造

往生が死後とされるところでは、浄土は死んで生まれる場所として、現世と対比的に捉えられてきた。しかし、往生が現生において本願に触れ、心に浄土が開かれてくることとされるとき、浄土は現世に対比していわれるのではなく、娑婆世界に対比していわれるものとなる。そのとき、往生は、現生において娑婆世界が乗り超えられたところに開かれるものとなる。そのような往生の捉え方は、先に述べたように、『大無量寿経』「下巻」の三毒段・五悪段の手前のところで、「必ず超絶して去って、安養国に往生するを得れば、横さまに五悪趣を截り、悪趣自然に閉ず。道に昇るに究極なし。往き易くして而も人なし。その国逆違せず。自然の牽くところなればなり」という語によって示されている。

ここで、安養国に生れることとしての往生は五悪趣が横さまに超絶されたところに捉えられている。したがって、浄土は現生に対比してではなく、現生において五悪趣が支配している娑婆世界に対していわれるのである。現生は娑婆世界そのものではない。三毒・五悪に覆われた現生の側面が娑婆世界なのである。したがって、娑婆世界が乗り超えられるのも現生においてでなければならない。

そのような娑婆世界が支配する現生の構造はどのようなものか。それは心が「物質」、あるいは「物」に支配された世界である、と曽我はいう。心が物による支配から免れ、自由になった世界を浄土というなら、心が物質に支配され、自由を見失って、身動きができなくなった世界を娑婆世界という。それは心が病んだ世界である。そういうわけで浄土は「精神」が支配する世界であるなら、娑婆は「物質」に支配された世界である。

一体、物とはなにか。それはわれわれを取り巻いているもの、そのなかでわれわれが生きているところの形あるものである。興味深いことは、形あるものは形なき心の表現であって、物は心の形、あるいは象徴だと曽我が述べていることである。ここで曽我は、「三界は表象のみである」とする唯識が明らかにした真理を説明しているといいうる。

「物というものは形あるものが心のほかにあるのではなくして、一切の形ある物は、心の相《すがた》を表したものであろう。こう見るならば、天地万物、無量無数の形ある物が目の前にある、美しい物がたくさんある。あっても、それはすべて形のない心の相を、心の清浄な美しい相をそれを物として表したものである。だからして、お浄土というものは、七宝荘厳の浄土ということが経典に書いてあるけれども、それはつまり形のない心の、純粋なこころの相を、それを七宝荘厳の浄土という、そういうすがたをもって表したものであるに違いないのであります。

だからして、われわれの世界、私どもの世界のものはそのような心の象徴だというような、そういうような世界であるならばですね、或いはそういうような眼を開いた人が見るならばですね、われわれがいま住んでおる世界もまたすなわち浄土である」（『同』、三三頁）。

それに反して、心が純粋な姿をもっておらないで、病んでいる場合は煩悩の世界が展開する。病める心が煩悩です。この世界は病める心の象徴であるがゆえに、この世界は苦悩の世界である。心の病気の象徴がこの世界である。それを娑婆世界というのである。

そういうわけで、純粋な精神的世界が浄土であるなら、娑婆世界は物質によって支配された、心が病んだ世界である。娑婆世界は三毒・五悪趣によって支配された世界である。娑婆世界は火宅無常の世界といわれる。一体、「火宅」とはなにか。三毒の煩悩をもって人間が社会生活を営むところに開かれる世界である。往生とは、そのような「火宅」を出て「如来の家」に生まれることである。その如来の家を満たしているものが如来の本願であり、清浄心であり、純心である。それゆえ、われわれは信において本願に触れることで、如来の家に生まれるのである。

人間の生きている娑婆世界は三毒・五悪趣によって害された世界である。そのような世界の中にあって、本願に触れて目をひらくと、そこに一つの精神的世界が開かれてくる。そのような世界に生まれることを往生というのである。三毒、五悪趣に付きまとわれた迷いの生活が超えられたことを往生というなら、それは死後ではなく、現生のことでなければならない。

「現生往生」説が注目するのは、われわれが本願に触れ、浄土を感得する場所は現生にあるのでなければならないということである。そして、その場所が現生であることに注目するのは、往生の道が如来から衆生に回向されたものだからである。

曽我の往生思想―小谷氏の往生論にふれて考える―

1、曽我は親鸞の往生思想を誤解しているか

往生は浄土に生まれることとして、浄土真宗の救済の教えの中心に置かれていますが、浄土とは何か、浄土に生まれるとはどういうことか、そして、そこへ生まれるのはいつか、などに関しては見解は分かれ一様ではありません。したがって、親鸞は往生をどのように捉えていたかと問われると、答えは定かではなく、親鸞の往生思想に関してはどこか幕がかかったような感があることは否めません。それゆえ、ここでは、親鸞は往生をどのように捉えていたかを改めて問い、曽我の往生理解を通してそれを追究してみたいと思います。

ここで曽我の往生論を考察しようと思いますのは、ご承知の通り、大谷大学名誉教授の小谷信千代氏が二〇一五年に『真宗の往生論』という書を著されて、曽我をはじめとする近代教学を奉ずる人々

は現世往生を説いているが、果たして親鸞は現世往生を説いたかという問いを提示され、親鸞は往生を死後と考えていたのであり、したがって、現世往生を説く近代教学は、親鸞の往生思想を誤解しているという見解を主張されたからです。

氏は、近代教学の往生論を否定すべく、ご自身の見解を極めてラディカルに表明されています。氏が往生を死後と見なしているといわれるのであるなら、それは氏の信念として尊重すべきですが、往生を死後と捉えるのが親鸞の考えであり、曽我をはじめとする近代教学の往生論は親鸞の往生思想を誤解していると主張されるなら、それは個人的信念を超えた、客観的事実の表明となるので、当然のこととして、その見解は果たして正しいか否かを問わねばならなくなります。氏はそのことを予測し、ご自身の見解に対する反応を確かめるために、敢えて挑戦的・対決的姿勢を取ってその見解を表明されたとも考えられます。そうであるなら、氏の見解は看過すべきではなく、氏の要求に応答することが礼儀であると思うのであります。

2、小谷氏の死後往生論の論拠

親鸞は死後往生を説いたという小谷氏の主張の是非は、その論証に立ち入って検討されなければなりません。さしあたって、氏が取られている論証の手続きから見ておきたいと思います。

氏は、親鸞が死後往生の考えを抱いていたことを証明する論拠を、『大無量寿経』下巻の「本願成就文」に対して、親鸞が『一念多念文意』その他において加えた注釈をどのように理解するかに求められています。親鸞の往生理解は従来この箇所にもとづいてなされてきました。しかし、はっきりいって、この箇所を親鸞の往生思想を決めるための根拠とすることは適切でないといわねばなりません。なぜなら、この「本願成就文」に対する親鸞の注釈に対しては二様の解釈が可能であり、そのいずれにも論拠があるため、その一方の解釈だけを取り上げて論証の決め手にすることはできないからです。

では、親鸞の往生思想の核心は親鸞のテキストの何処につかむべきでしょうか。それは、『教行信証』「化身土巻」の「三願転入」で語られている「難思議往生」においてでなければなりません。なぜなら、三願転入は、親鸞がその生涯に亙る往生をめぐる信と思索の歩みを反省的に語ったものであり、その往生思想の要となるところが「難思議往生」として捉えられているからです。それゆえ、親鸞の往生思想は、この「難思議往生」がどのようなものかを見ることを通して明らかにされなければならないのであります。

では、親鸞は「三願転入」において何を語っているか。親鸞はそこで第十九願の「双樹林下往生」を離れ、第二十願の「難思往生」への回入を経て、第十八願の「難思議往生」に転入したと語っています。「双樹林下往生」は「諸行往生」または「観経往生」といわれますが、そこで説かれている往生は「臨終往生」、もしくは「死後往生」です。一方、「難思議往生」は「大経往生」ともいわれており、その要となるところを親鸞は「本願の信に立つ」ところに捉えています。本願の信に立ち、本願を生きるところに開かれてくる宗教的生を、親鸞は「難思議往生」と捉えているのであります。そこで親鸞は、「しかるにいま特に方便の真《まこと》門を出でて、選択の願海に転入せり、速やかに難思往生の心を離れて難思議往生を遂げんと欲う」(『聖典』三五六頁)と述べています。注目すべきことは、親鸞はそこで漠然と「往生とは何か」について語っているのではなく、「今、速やかに、難思議往生を遂げんと欲う」と述べ、また「本願の願海に入りて……恒常に不可思議の徳海を称念する」(『同』、三五七頁)と述べて「難思議往生」について語っているということです。したがって、親鸞の往生理解は「難思議往生」とは何かを明らかにすることを通して追究されなければならないのであります。

そこで注目すべきことは、親鸞は「双樹林下往生」を「邪定聚」とし、「難思議往生」を「正定聚」と規定していることです。「正定聚」とは「正しく仏となると定まった人々」、「涅槃の証徳を得るよう定まった人々」のことですが、親鸞はその位は本願の信に立つことにおいて得られると述べています。一方、「双樹林下往生」が「邪定聚」であるのは、そこに生まれても涅槃を証することはないからです。なぜなら、そこに生まれた者は、本願に触れることがなく、したがって、その真の欲求が透徹され、成就することがないからです。それゆえ、親鸞の往生思想の究明は、親鸞が「邪定聚」としての「臨終往生」の立場を捨て、「正定聚」としての、本願の信に立つ「難思議往生」に入ったということを念頭に置いてなされなければなりません。とりわけ、親鸞は「難思議往生」を「正定聚」として、同一のものと捉えていることに注意しなければなりません。そのことは、親鸞は難思議往生を現生における宗教的生と捉えているということです。

ところが、小谷氏は親鸞の往生思想の要をこの「三願転入」に捉えないで、専ら、『大経』の「本願成就文」の「即得往生」という語に親鸞が加えた注釈をどのように解釈するかに置かれています。しかし、その箇所が親鸞の往生思想を捉える上で適切でないことは、先に述べたように、親鸞のその注釈には二様の解釈が可能であって、一方の解釈だけでは決め手にならないからです。それだけではありません。氏は、親鸞が三つの往生の間に見極めた違い、とりわけ、「双樹林下往生」と「難思議往生」との間に見た重要で決定的な違いに注目されることがなく、それらを「往生」という語のもとに一括して捉えられています。そのため、氏の、親鸞の往生思想に対する理解が厳密ではなく、全体として漠然とした闇に覆われたようになっています。そして、親鸞の往生思想と親鸞以前の往生思想との間にどのような違いがあるのかもはっきりしなくなって、その結果、氏において、親鸞の往生思想は親鸞以前の往生思想に引き戻され、そのうちに溶解されてしまっている感さえ見受けられます。そのことは、氏の論究が三願転入というような宗教的経験の事実から離れて、文字の上だけの詮索に終始していることに起因するといわねばなりません。

そういうわけで、親鸞の往生思想は「三願転入」において、とりわけ、「双樹林下往生」と「難思議往生」がどのように違うかを見極めることを通して明らかにされなければならないのであります。では、この二つの往生の決定的な違いはどこにあるのか。それは先に述べましたように、「双樹林下往生」では往生の主眼は「臨終」もしくは死後に置かれていますが、「難思議往生」では「本願の信に立つこと」に置かれているということです。そこにおいて注目すべきことは何か。それは、「難思議往生」においては死後往生の立場は超過されるということです。なぜなら、一切が本願のはたらきに委ねられるところでは、死もまた本願のはたらきに委ねられ、一切が自然法爾のはたらきに任されることになるからです。本願を生きることに関心の中心が置かれるとき、往生が現世か死後かは二次的な関心となり、死後往生に執着する思いや拘《こだわ》りが消える。したがって、「難思議往生」に転入した親鸞は、往生をもはや死後の事柄とは決めていないはずです。往生は、本願に乗託して現生を生きる宗教的生となるのであります。しかし、その現生は、前世や来世を取り除いた現世ではなく、そのうちに過去と未来、死をも包み込んだ現生となるのであります。そういうわけで、親鸞は、往生を現生において本願を生きることと捉え「速やかに難思往生の心を離れて難思議往生を遂げんと欲す」と述べたのであります。

尤も、氏は「三願転入」について触れられていないわけではありません。ただし、氏が三願転入について語られているのは転入の時期であって、三願の内容ではありません。したがって、「難思議往生」がどのような往生であるかについては何も述べられていません。氏は、「双樹林下往生」と「難思議往生」との違いはただ自力か他力かの違いであって、往生が死後であることは両者において変わらないといわれております。しかし、他力と自力との違いがあるなら、その違いは往生の有り様において現れてこないはずがない。「双樹林下往生」が自力の立場であり、「難思議往生」が他力の立場であるなら、その違いは、「双樹林下往生」において関心の中心を占めた「死後往生」が、「難思議往生」においては乗り超えられ、関心の対象ではなくなるということでなければならない。そこに、往生を現生において捉える「現生往生」という思想が生じてくるゆえんがあります。ただし、そこで現生といわれるのは往生を自覚する場のことで、そのうちに現世と死後を共に包み込んでいることに注意しなければなりません。

「難思議往生」がそのような往生であるにもかかわらず、氏が依然として「親鸞は死後往生を説いた」と主張されるのはなぜか。何が、氏をしてその見解に執着せしめるのか。それは親鸞の思想ではなく、氏が仏教思想史研究において馴染まれてきた「往生思想」、というより、「往生」という語だといわねばなりません。

仏教思想史においては、往生は死後でありました。浄土教の往生思想の出発点（起点）にあったのは原始仏教における「生天思想」でした。そこでは、「天」に生まれるのは死後であった。阿羅漢は現世で修行して悟ることはできるが、そのような修行ができない衆生や凡夫は救われる見込みはない。では、凡夫は救われる道は全く途絶えたのかというとそうではなく、死後、天に生まれて救われるという道がある。こうして、生天思想が生まれた。ただし、天の観念はなお輪廻を払拭しえず、不完全であった。その天の観念が洗練され、浄土の観念に高められることによって、浄土教の「往生思想」が生じてきたわけです。したがって、浄土教では往生は死後と決まっていた。だから、現世往生といえば、それは丸い四角というのと同じように無理であり、ナンセンスである。現世往生の観念は、往生という概念そのものに矛盾している。氏が「現世で往生する」ということが一般仏教の常識からすれば全く「無意味」で「奇怪な主張」であるといわれることの根源には、このような仏教思想史におけるこの往生概念への氏の思い入れがあるといわねばなりません。そういうわけで、氏は、親鸞が如何に革新的な思想の持ち主であっても、往生は現生だというような愚かなことはいうはずがないと考えられた。親鸞は「死後往生を説いた」という小谷氏の主張の背景にあるのは、このような原始往生思想への氏の思い入れであり、それが氏の、親鸞の往生思想を見る目にも強くはたらいるといわねばなりません。

しかし、仏教思想史において「往生は死後と決まっていた」からといって、親鸞もまた往生を死後と捉えていたといいうるだろうか。仏教思想史において往生は死後であることを自明の前提として親鸞の往生思想に取り組むことは、果たして親鸞の往生思想を取り扱う正しい仕方であろうか。それは親鸞の往生思想を、親鸞に即してではなく、親鸞に先立つ仏教の往生思想から導くことになるのではないか。そのことは、親鸞の往生思想をもともと浄土教にあった死後往生の思想の方向に誘導尋問して、親鸞に「私は死後往生を説きました」と自白を迫るに等しい。このような死後往生を前提とした探究の仕方が、意識的・無意識的に氏を導いているように思われます。これは親鸞の往生思想の正しい理解の仕方ではなく、親鸞の往生思想を歪め、別のものにとって代えるものといわねばなりません。

3、習俗としての死後往生論

死後往生の考えは、今述べましたように、浄土教の往生思想の起点にあったもので、親鸞の時代においても人々を強く支配していました（註1）。だが、親鸞の時代だけではありません。注目すべきことは、死後往生の思想は人間に自然的なもので、それは今日でも暗黙のうちで受け容れられ、ほとんど習俗となっているということです（註2）。それゆえ、今日でも死んだ人を「往生した」というし、「あいつもとうとう往生したか」というふうに、往生という言葉は死の代名詞として用いられているわけで、死後往生の考えは、今日でも人々を強く縛っています。だからといって、そのような習俗となった往生の観念を親鸞に押しつけていいものではない。それは親鸞の往生思想を正しく捉えるものではなく、親鸞の往生思想を習俗のそれに近いところに引き降ろすものでしかありません（註3）。問わねばならないのは、死後往生を説くことが果たして親鸞の真意であったか否かということです。

（註1）　小山聡子氏は『浄土真宗とは何か――親鸞の教えとその系譜――』（中央公論新社、二〇一七年）において、親鸞の時代の往生思想を親鸞が生きた時代とのかゝわりにおいて考察されている。

親鸞が生きた時代は中世であって、平安時代の往生思想がなお根強く支配していた時代であった。それは往生を死後に捉えるもので、死後、安楽な極楽浄土に生まれようとして様々な呪術的な行や儀式、つまり定善・散善が行われていた。そのような諸行にはいろいろなものがあるが、切実なものとして、例えば、死に行く者が自身の指と阿弥陀如来像の指とを糸でつないで、死に臨んでそれを曳くことによって阿弥陀の浄土に連れていってもらおうとするものがあった。そこにおいて、死後生まれようと願われたのは西方にある美的で安楽な極楽浄土であって、『観無量寿経』に描かれているのがそのような浄土である。そこで説かれている定善とは観想のことで、西方に沈み行く太陽をじっと見つめていると、太陽が沈んだ後も心に太陽がありありと映るように、浄土はそれに思いを致す心に見えてくる。そのような『観経』に説かれる往生が「双樹林下往生」であって、それゆえ「双樹林下往生」は「観経往生」ともいわれている。そのような美的で居心地のよい浄土に生まれたいと願うことは、人間が一般に抱く自然的な要求であるともいえる。

（註2）　カントは、神や死後の世界というような、経験を超えた事柄について問うのは人間にそなわる「形而上学的素質」ともいうべきもので、その問いに答えることはできないが、その問いをなくすることはできないと述べている。カントによれば、そのような経験を超えた世界を知ろうとして戦ってきた戦士はこれまで無数にいるが、いかなる豪傑といえどもこれまで、確実といいうるような一片の土地

を獲得した者はいなかった。だからといって問わずにすますことができないのが神や魂の不死や自由といった形而上学的問題であると述べている。

このような形而上学的問題に対してカントの示した功績はなにか。それは、その問いに答えを与えたということではなく、答えられないものであることをはっきりと弁えるように教えたということである。それはどういうことか。それは、もし、それに対して答えを提示したものがあるとするなら、それは「仮象」であり、まやかしであるということである。

なぜカントを持ち出したかというなら、カントは「死後の霊界」はそのような「仮象」であり、したがって迷妄だと教えたのだが、「双樹林下往生」において死後に生まれるとされる「化土」としての浄土は、そのような仮象という性格をもっているからである。そういうわけで、「化土」に生まれた者は胎宮という牢獄に五百年の間閉じ込められて救われないといわれるのである。こうして、死後往生の思想は人間に自然的にそなわっている仮象として、平安時代のみならず、今日でもわれわれを暗黙のうちで支配しているのである。

そのような「双樹林下往生」の底に潜んで、そこへと人々を導いているものは、突き詰めると「死の不安」である。臨終の際に浄土に生まれようと願って自分の指と阿弥陀如来の指とを糸でつないで、その糸を引くのはいかにも極端であるが、そのような儀式の底に潜んでいるのは、人間を支配している死の不安である。親鸞の時代の往生観を支配していたのはそのような死の不安であったが、注目すべきことは、その不安は過去の平安や鎌倉時代だけのものではなく、現代のわれわれをも支配しているということである。諸々の疑惑や迷妄のもとにあるのはそのような不安である。したがって、そのような方向に往生思想を追究されてはならない。

（註3）　親鸞の息子の善鸞は関東で、父の教えと違うことを父から聴いたとして説いたため、常陸・下野の念仏者をまどわしたとして父から義絶されたが、善鸞は関東でどのようなことを説いたのか。善鸞は「第十八の本願をしぼめる花」にたとえたそうであるから、「本願の信」を説く代わりに、父から直接聞いたと偽って、おそらく土着的な「死後往生の教え」を説いたものと思われる。そのために、関東の信者たちの間に迷いが生じ、中には十四か国の境を越えて京都の親鸞のところへ「往生の道」を問い聞かんがためにたずねてこなければならないという事態が生じた。善鸞がそのような父の教えと違うことを説いたということは、死後往生の考へ、諸行往生の考えが習俗となって人々を引きつけていたことを示しているといえる。

親鸞の努力はむしろ、そのような習俗となった死後往生の思想を克服しようとするところにあった。そのことを示しているのが「難思議往生」への転入ですが、氏は親鸞の往生思想の要となるところを、「三願転入」を踏まえないで、本願成就文の「即得往生」に加えた親鸞の注釈をもとに捉えようとされているため、親鸞の思想の要となるところが見えないのです。「即得往生」に加えた親鸞の注釈だけでは、親鸞が苦心して明らかにしようとした、「双樹林下往生」と「難思議往生」との根本の違いが明らかではないため、氏は親鸞の往生思想を、親鸞が導こうとしたのとは逆の方向に導くという結果になっているのです。

先に述べましたように、氏は、親鸞において往生が「双樹林下往生」から「難思議往生」に変わったからといって、それは自力が他力に変わっただけで、往生が死後であることは両者において変わりはないといわれます。しかし、死後往生の見方は、「難思議往生」において根本的な変更を被っています。それは、往生が「自然法爾」の見方から捉えられているということです。往生はこの自然法爾の道理を生きることであるがゆえに、そこでは特に死後と沙汰することが無用になるのです。

曽我の「現生往生」の考えに対する小谷氏の誤解は、氏が曽我のいう「現生往生」を「現世往生」と捉えられているところに起因します。死後にあった往生を現世にもってきたものが現世往生だとするなら、現世往生は、わけのわからないものとなることは必定です。案の定、氏は、「現世で往生するといっても、そんなことは実感できますか」といわれております。往生が死後であるなら、たとえ非合理であっても、魂は死後、西方十万億土の彼方に飛んで極楽浄土に生まれるということは考えられないわけではない。しかし、現世においてそのような非合理なことが起こるとは到底考えられない。では、往生を無理やりに現世にもってくるならどうなるか。現世がそのまま浄土だといわなければならなくなる。「娑婆即寂光土」、ないし「即身成仏」と考えなければならなくなる。穢身がそのまま仏だといわねばならなくなる。そこで、小谷氏は、櫻部師の言葉だとして、「現世で往生するとなると、この穢身のままで成仏することになるが、そんなことは考えられますか」といわれるわけです。こうして、氏は、曽我をはじめとする近代教学の現世往生説は「無意味」で「奇怪な主張」だとして退け、死後往生の考えを主張されるのでありますが、それは、曽我の現生往生論をよく理解したうえでいわれているのではなく、むしろ無理解からなされているといわねばなりません。「現生往生論」を、本願に立脚する「難思議往生」に捉えないで、死後にあった往生を現世にもってくることと誤解されています。氏は、仏教思想史の死後往生の考えに固執して、現世往生はナンセンスだと決め込まれているため、「現生往生」で曽我はどのようなことをいおうとするのかについては、氏にとって始めから問う必要がないのです。なぜ現生往生はなぜナンセンスなのか。その理由は、それが死後往生ではないからなのです。

4、曽我の往生論

では、曽我をはじめとする近代教学は、「現生往生」ということでどのようなことをいおうとしたのか。小谷氏が考えられたような「娑婆即寂光土」とか、「即身成仏」を説くことではないことはいうまでもありません。では、どういうことをいうのか。往生とは「難思議往生」であり、「本願の道を歩むこと」だということです。本願の道を歩むのは現生においてでなければならない。しかし、それは現生だけのことではない。それは、本願の信に始まり、現生を貫いて、その究極において成仏に至る道を歩むことであります。そのとき、往生の道は現生を通過しながら、現生を超えて涅槃にまで至るものとして「昇道無究極」となるのであります。

それゆえ、注意しなければならないのは、曽我は「現生往生」といっているのであって、「現世往生」といっているのではないということです。「現世」は前世や来世に対比していわれるのに対し、「現生」は、往生を自覚し生きる場所のことであって、両者は意味が異なります。小谷氏は、往生を自覚する場としての現生を、来世に対する現世と取り違えられたところに、曽我の往生論に対する誤解が起因するといわねばなりません。

現生往生において、往生は、「本願の信に立脚して現生を生き、その究極において成仏に至る道を歩むこと」と捉えられます。これは、真宗の従来の伝統的な往生理解とは異なっています。本願に触れるのは信を獲たときだから、本願を生きるのは死後ではなく、現生でなければならない。それゆえ、往生は死後のことではなく、現生のことである。善導は往生を「前念命終、後念即生」と捉えましたが、曽我はこれを後に自分の言葉に直して、「信に死して願に生きん」と言い換えました。この言葉によって曽我は、「難思議往生」の内実を捉え直したのであります。

往生を本願の信を生きることと捉えるとき、真宗の従来の伝統的な往生理解は覆されます。真宗では、従来、往生は死後と捉えられてきました。往生と成仏は一体化して、往生即成仏とされ、往生は死後、成仏も死後とされてきました。現世においては往生は「定まる」だけで、往生はしない。現生においては、往生の「約束」が成立するのであって、実際に「往生する」のは死後である。これが、近代以前の真宗の伝統的な往生理解でありました。

しかし、このような往生理解は何とも奇妙なものである。生きているうちは往生の予約があるだけで、往生はどういうことかは死んでみなければわからないというのでは、現生は往生とは全く関わりのないものとなる。往生は死んでから、成仏も死んでからというのでは、結局のところ往生も成仏もわからずじまいであって、現生は生存しているだけの空虚なものとなり、生きていてもただ死ぬのを待つだけのものとなる。したがって、現生において大地に足を据えて生きるというようなことは考えられなくなる。「このように、何もかも死んでからで、生きているうちはただその約束があるだけというふうに浄土真宗の教えはなっているが、そのような往生の理解は果たして親鸞の教えに叶うものだろうか。これは考え直さねばならない」と曽我はいうのであります。

真宗学というのは、そういうふうに解釈して伝統されてあるのだけれども、そういう真宗学が行われていては、わたくしどものほんとうの救済は成立しておらぬと思う。それでは心は暗いと思う（『曽我量深選集』第九巻、二八〇頁）。

これはつまり、蓮如上人の教えがそうなっておるのであろうと思うのであります。蓮如上人の教えは、やっぱりそういわねばならないような、そういう時代の背景というものがあって、そうなってきたのでありまして、その蓮如上人の時代の教えというものはずっと徳川時代まで続くのは当然のことでありますけれども、それが明治時代から大正時代、昭和時代までそのまま続いて来ておるということは考え直す必要がある。教学は時代とともに変わらねばならない（『曽我量深講話録』五、一三九頁）。

これが、曽我の往生理解の根本にある動機です。

では、われわれの本当の救済が成立するには、往生はどのように捉えられなければならないか。それは、往生を死後の事柄としてではなく、現生との関わりにおいて捉えることです。そのとき、往生は本願に触れ、本願の信を獲ることによって、われわれの閉ざされた心が開かれてきたことをいうことになります。いままで、われわれの心は閉ざされていた。われわれの心は物に縛られ、物の奴隷となっていた。それを娑婆世界という。そういう、心が縛られた不自由な娑婆世界から解放されて、自由な世界が開かれてきた。それは、心に浄土が開かれてきたということである。曽我は、そのように、われわれの心に浄土が開かれてきたところに往生を捉えます。親鸞はそのような境涯を「難思議往生」と捉えたのであります。

それゆえ、往生は死後のことではない。現生において浄土が開かれたところにある。浄土とは、われわれの不自由な娑婆世界と対比していわれるのであって、われわれの生きる世界、つまり現生に対比していわれるのではない。死後往生の考えは、浄土を現生に対比させています。しかし、浄土は現生に対比されるのではなく、娑婆世界に対比していわれるのであることを忘れてはなりません。浄土は現生の迷える世界に対比していわれるのであって、したがって、浄土もまた現生において捉えられるのであります。

そういうわけで、現生は、娑婆と浄土をともに包んでいます。娑婆と浄土を感得する場、娑婆から浄土への転換を感得する場が現生です。われわれの不自由で苦悩に満ちた世界が娑婆世界である。その娑婆世界をわれわれは自分の思いによって変えることはできない。革命を起こして作り変えようとしても駄目である。娑婆を自力で浄土に作り変えようと企てるのは邪定聚である。しかし、その娑婆世界において本願に触れるとき、そのことによって、われわれを閉じ込めていた娑婆世界の鉄壁が透過され、乗り超えられる。そこに浄土の展望が開かれる。そのようにして開かれた浄土に生まれることが往生であり、正定聚である。それゆえ、往生は、信を獲ることで娑婆世界、つまり「三毒・五悪趣」の世界が「横さまに」乗り超えられたところに成立する。本願によって乗り超えられるがゆえに横さまに乗り超えられるのであります。それゆえ、往生は死後ではなく、現生のことでなければならない。ただし、往生は現生において完成し、全きものとなるのではない。それは死後の成仏に至って初めてその究極に至る。それゆえ、「安養界」に往生することが「昇道、極まり無し」といわれるのであります。したがって、往生とは死後のことではなく、現生において本願に触れて生きることなのであります。しかし、浄土はあくまでわれわれを超えた世界であることに変わりはありません。ただ、それは未来から現生に到来しているのであり、それゆえ、そこへ向かう道は「昇道無究極」となるのであります。これが曽我の理解する往生であり、また親鸞が「難思議往生」と捉えたものであります。

今までは物質が精神を圧迫して、物質が精神をみな占領して、そうして、精神はもう全く生きる場所がなかった。それが、われわれが如来を信じることによって、如来が私共の心に生きる、心が本当に生きる、そういう無限の世界を与えられた。かくのごとくして、われらの心を開く。萎縮している心、圧迫を受けている心が開いて来た。開くということは自由を得たということ、心が無限の自由を得てきたということである。それがすなわち、往生するということである。だから、往生の生は生活する、生きるということでしょう。そして、無限に進んで生きる。生きるということは進むということである（『曽我量深講話録』四、四九頁）。

と曽我はいいます。

さらにまた、次のようにいいます。

往生ということは、今まで、われわれは物質的欲望によって、心が圧迫され、心が圧迫されることによって、心が病気になっていた。その病気から解放されることである。心が病む、病気になった姿を煩悩という。煩悩とは心の病気である。……物質に圧迫され、心の世界がみな物質に占領されてしまった。だから、心が病んで、いよいよ病気が進んでくる。これが、私共の宗教のない世界である。……心が物質に圧迫され、物質に占領されると、私どもの心は煩悩になってくる。ということが『大経』下巻の三毒段に書かれています。貪瞋痴の三毒の煩悩は、心が物のために毒せられ、物質のために毒を受けて、心が自由を失って病気になった姿である。

それを助けるために、仏さまは、われわれのために浄土というものを建てて、そうして、私どもに与えてくだされた。だから、浄土というものは死んでから得られるものではなく、生きているうちに与えてくだされた。死んでから浄土を与えるというような本願はない。今生きて苦しんでいるときに、死ぬまで我慢しておれというわけはない。……生きている私どもに、本願荘厳の浄土を与えてくださった(『同』、参照)。

曽我は「(難思議)往生」をこのように捉えています。往生とは、心に自由な世界が開けることである。したがって、往生は現生のことであって、死後のことではない。それゆえ、曽我は「往生は心にあり、成仏は身にある」というのであります。「往生」は心に浄土が開かれることだから、それは現生の事柄である。しかし、われわれは身体をもっているかぎり煩悩を離れることができず、成仏することはできない。それゆえ、「成仏」は死後のことである。しかし、成仏は死後だからといって、往生までも死後にもっていってはならない。成仏は死後、往生も死後というのでは、往生は何の意味もないことになる。そこでは、往生は成仏と重複して、往生という言葉があっても内実はないので、無駄ということになる。往生が意味をもつには、往生は、成仏とは別に、われわれが信を獲て心に自由な世界が開かれたところに始まると捉えなければならない。しかし、そのことは、往生を現世に取り切って、現世だけのこととしてしまうのではない。往生は道として、信を獲たときに始まり、現生を通じ、死後成仏に至るまで無窮に続いているのであります。したがって、往生は現生だけに限って捉えられてはならず、またその終極だけにおいて捉えられてもならない。往生は、その全体において、つまり、本願を生きて、その究極の成仏に至るまでの過程において捉えられなければならない。そのとき、往生は、現生において信を獲て、本願の道を歩み、その究極において成仏に至るまでの道を歩むこととなるのであります。「往生の素懐を遂げる」という言葉は、この往生の道を歩み終わって、その究極において成仏するに至ったことを意味すると捉えなければなりません。往生がその究極に至ってはじめて「往生即成仏」といわれるのです。こうして、信において本願に触れ、本願を生きるところに浄土が開かれ、往生の生が始まると受け取ることで、現生に生きていることにも意味を見いだすことができるようになります。現生往生とは、死後の往生を現生にもってくることではなく、現生において如来の本願に触れることで、われわれの生きる世界が開かれることとして捉えられるのでなければなりません。

世親は『浄土論』において、浄土の風光を国土、仏、菩薩の「三種二十九種荘厳」に開いて描いています。もし浄土が死後の世界であるなら、世親は浄土の荘厳をあのように如実に、そして具体的に描くことはなかったはずです。それゆえ世親は、浄土の荘厳を現生の事柄として、つまり、如来の本願がわれわれの娑婆世界に触れて反射して形をとったものとして描いたのであります。そこに、浄土が「報土」とされるゆえんがあります。「報土」とは、そこに本願がはたらき、本願によって照らされた場所、あるいは本願が形をとった世界であり、「真仏土」です。それに対して、「化土」とは、本願のはたらいていない世界であり、閉ざされた世界であって、そのような場所に生まれても歓びはありません。本願がはたらいている場所としての報土は、われわれが生きている娑婆世界を無限に超えています。その見えない超越的世界が娑婆世界に映って、見えるようになったところに「浄土の荘厳」があります。それゆえ、報土に生まれることは、「本願を生きること」となるのであります。本願は「いのち」であって、それ自体としては光ではありませんが、それが衆生の生きる娑婆世界に反射することによって光となります。そこに、浄土の荘厳としての報土があるのであります。

5、往生概念の拡張

「往生」が本願を生きることであるなら、注目すべきことは、そこにおいて往生の概念が変えられてくるということです。安富信哉氏によれば、往生は「点」ではなく「線」として、より精確には「道」として捉えられてきます。伝統的な死後往生の理解では、往生は死後に生じる出来事として「点的」に捉えられていました。しかし、往生が本願に触れ、本願を生きることであるなら、往生は信を獲たときに始まり、現生を貫いて、その究極において死後の成仏に至る本願の大道を歩むこととなります。往生概念はここで拡大解釈されて道となります。曽我が「現生往生」というのは、死後の往生を現世にもってきたものではなく、このような拡大解釈によって拡張された往生概念のことをいうのであります。したがって、現生往生といっても、往生を現世に取り切ってしまうことでないことに注意しなければなりません。往生は、現世にとどまらず、現世を貫いて、死後の成仏にまで連なるものとして、「昇道無窮極」となるのであります。小谷氏が、現世往生を無意味で奇怪な主張として退けられたのは、往生を点的に捉えられていたからであります。しかし、往生をこのように拡大解釈して道と捉えることで、現生往生は逆に、無限に深い意味をもってくるのであります。

親鸞が往生をこのように道と捉えていたことは、『高僧和讃』において親鸞が、「安楽仏国に生ずるは、畢竟成仏の道路にて、無上の方便なりければ、諸仏浄土をすすめけり」と詠っていることに窺われます。ここで道という語は、手段の隠喩的表現だといわれるかもしれません。しかし、隠喩であっても、往生は、そこを通って成仏に至るものとして、やはり道という性格をもっているといわねばなりません。そのような道としての往生概念はまた、『大無量寿経』下巻の三毒・五悪段の手前のところの、「必ず超出し去って、安養国に往生することを得れば、横さまに五悪趣を截り、悪趣自然に閉づ。道に昇るに究極なし。往き易くして人なし。その国逆違せず。自然の牽くところなり」という言葉に示されています。その「国逆違せず、自然の牽くところなり」という言葉によって、往生の道が本願に乗託して究極において自ずから大般涅槃に通入すると述べられているのであります。

拡張された往生の概念において注目すべきことは、そこにおいて「往生」と「正定聚」とが重なり、併走するものとなるということです。そのことを、親鸞は『教行信証』「証巻」において、「必至滅度の願」を「煩悩成就の凡夫、生死罪濁の群萠、往相回向の心行を獲れば即の時に大乗正定聚の数に入るなり、正定聚に住するがゆえに滅度にいたる……」と説明する一方、それに「難思議往生」という語を併記することで示しています。「正定聚」と「往生」とが重なることは、親鸞が『大無量寿経』下巻の本願成就文の「願生彼国、即得往生、住不退転」の中の「即得往生」という語に、『一念多念文意』その他において、「正定聚に定まること」という注釈を加えていることからも明らかです。小谷氏は、親鸞のこの注釈は、往生を正定聚と分けて、死後にもってゆくため解釈されました。しかし、拡張された往生概念のもとでは、親鸞のこの注釈は、往生と正定聚とが重なり合うものであることを示そうとするものと解釈されます。いずれにせよ、この親鸞の注釈をどのように解釈するかをめぐって、小谷氏と曽我の往生理解が分かれてくるので、どちらの解釈が適切であるかは、後にさらに詳しく検討しなければなりません。そして、いずれの解釈が親鸞の考えに叶うものであるのかを、各自が追究しなければなりませんが、その際、重要なことは、ただ文字の上からの詮索ではなく、難思議往生とはどのような往生であるかを宗教経験として深くつかんでなされなければならないということです。

真宗学では、伝統的に、正定聚と往生は時間上で前後に分けられ、正定聚は現生であるが、往生は死後とされてきました。しかし、往生が本願を生きることとして道と捉えられ、往生概念が拡張されてくるとき、正定聚と往生とは、概念としては異なりながら、併走し、重なり合うものとなります。正定聚は位もしくは形式であり、往生は実質もしくは内容として、正定聚は往生という生に意味を与え、それを支える背骨のごときものとなる一方、往生は正定聚という位を生き、それを現実化し、具体化するものとなります。こうしてそれぞれ、一方が他方を補い、説明するものとなって、両者は響き合うものとなるのであります。親鸞が本願成就文の「即得往生」に「正定聚に定まること」という注釈を加えたことの意味を、このように解釈することができます。

ところが、小谷氏は、親鸞がこの「即得往生」に「正定聚のくらいにつきさだまること」という注釈を加えた理由を、成就文のこの箇所で「即得往生」という言葉が用いられていることは異様もしくは不適切であることに親鸞が気づいて、その「即得往生」という言葉を差し押さえ、取り下げるためであると解釈されました。そして、近代教学を奉ずる人々の往生理解は、「親鸞のこの苦心の読み替えの意図が見抜けなかった不見識に起因する」と主張されました。しかし、曽我は、親鸞の苦心の読み替えの意図を見抜かなかったのではなく、はるかに深く読み取ったことが見逃されてはなりません。そこから見るとき、小谷氏の解釈は一つの解釈として相対化されてくるばかりではなく、近代教学の往生理解は「親鸞の苦心の読み替えの意図が見抜けなかった不見識に起因する」という氏の不見識という評言は、氏が親鸞の注釈にもう一つの解釈があることを見抜くことができなかったことを証示するものとして、ブーメランのごとく、投げた氏自身に跳ね返ってくるといわねばならないのであります。

6、最後に残る問題―真仮を知ること―

しかし、以上述べたことに対して再び反論が生じてくると思います。その反論は二つあります。一つは、『末燈鈔』に収められた、信者に宛てた親鸞の手紙です。そのなかで親鸞は、「この身はいまはとしきわまりてそうらえば、さだめてさきだちて往生しそうらわんずれば、浄土にてかならずかならずまちまいらせそうろうべし。あなかしこ、あなかしこ」(『聖典』六〇七頁)と書いています。

この手紙は、親鸞は往生を死後と考えていたことを示す反証として提示されます。

もう一つは、曽我が、最晩年に金子大榮との対話のなかで語ったとされる言葉です。そこで曽我は、「私は金子先生から［彼岸の世界］ということを、ずっと昔からお聞きしておるのでありますけれども、それがなかなか、愚鈍の機でありますからして、よくいただかれないで……。それが、この頃、やっと、いろいろ少しばかりわからしていただきまして、未来の安楽浄土、自然法爾の世界……南無阿弥陀仏」と語ったことが、伊東慧明氏の手記で述べられています。ここで、曽我は、金子の説く未来往生の世界が、最近ようやく少しわかるようになってきたと語っています。これは、曽我がそれまで説いてきた自らの往生の考えを否定して、死後往生の考えに転向したことを示すものではないかという反論です。

この二つの疑問、ないし反論をどのように考えたらよいのでしょうか。

ここで思いを致さねばならないのは、親鸞が『教行信証』「真仏土巻」において、「真仮を知らざるによって、如来広大の恩徳を迷失す」と述べている言葉です。この言葉で、親鸞は方便、つまり仮も大切で、真実と同じように仮もまた、如来によって与えられたものであることに思いを致しています。愚鈍の機には、真実ばかりを説いていてもわからないので、仮、つまり方便を用いて説くことも必要である。あえて、仮を用いてまでわからせようとするところにこそ、如来の「広大の恩徳」があると親鸞は述べています。その意味で、親鸞は死後往生の考えを真ッ向から否定しないで、これを方便あるいは仮として深い意義を認めているのであります。

そのことはまた、親鸞は「三願転入」において、「双樹林下往生」や「難思往生」を否定して「難思議往生」に転入しましたが、それでもなお、難思議往生に至るための方便として、双樹林下往生や難思往生を認めていることが示しています。親鸞は、方便にこそかえって、如来の衆生に対する配慮、深い恩徳がはたらいていると感じて、それを肯定したのであります。しかし、そのことは、方便が真だということではありません。親鸞はあくまでも、真実に至るための手段として、方便や仮にその意義を認めたのであって、方便と真とを混同していないことを見失ってはなりません。それが仮であることを忘れて、真実と思い込むとき、仮は偽に転落することに思いを致さねばなりません。

親鸞が、「浄土にてかならずかならずまちまいらせそうろう」と述べたのは、如来の摂取不捨という確信を伝えるための方便としてであり、方便によって真実を知らしめられることにかえって如来の広大の恩徳を感得したからであります。では、真実とは何か。親鸞はそれは、釈尊と同じように、「臨終の一念の夕べ、大般涅槃を超証すること」と捉えています。大般涅槃が示すのは、如来の摂取不捨という真理です。その意味で、浄土へ往っても直ぐにこの世に還って来なければならないと述べている鈴木大拙もまた知人と別れる際に、「浄土で場所を空けてまっている」と述べていることに思いを致さねばなりません。

曽我と金子との対話も同様です。曽我は金子の考えがやっとわかったと述べています。しかし、そう述べることで、曽我は自らのそれまでの往生についての考えを捨てたのではありません。曽我は金子の考えが自分とは異なると知りながら、それを認めたのはあくまで方便としてであって、その限りにおいて、死後往生の考えを有り難いと感じたのであります。

したがって、上記の言葉から、親鸞や曽我はそれまでの考えを捨てて「死後往生」の考えに転じたと考えるなら、それは短絡的であって、それは、仮を真とすることによって、仮を偽に転じることであるといわねばなりません。

最後に、これまで言い残したことを付け加えておきたいと思います。曽我は、往生の概念を拡大解釈して道と捉え、信と同時に始まり、現生を通ってその究極において成仏に至る本願の大道を歩むことを往生と捉えました。

このように、往生を、道を歩むことと捉えることによって注目されてくることがもう一つあります。それは、安富信哉氏が注目し指摘されていることですが、「共に」ということがそこで注目されてくるということです。そのことは、『大経』において「皆当往生」といわれ、「回向文」において「同発菩提心」と述べられ、また、「浄土荘厳」において「眷属功徳」といわれていることであります。この「共に」ということは、「往生」を、「道を歩むこと」と捉えることで初めて言いうることです。ここにも、往生を死後にもっていってしまってはならず、現生において本願の道を歩むことと捉えなければならない理由があると思うのであります。

あとがき

本書の諸論について簡単に説明しておきたい。

第一部「住むこと」をめぐる省察は、人間の根源的要求とされる、浄土に生まれたいという「願往生心」を、その基礎ともいうべき「根をもつこと」、あるいは「住むこと」への要求に溯って捉えようとしたものである。

「住む」ことを、ハイデッガーは世界における人間の一般的な有り様ではなく、「死すべき者」としての人間の地上における最も基礎的で具体的な在り方と捉えた。そして、Whonen（住むこと）がその語源のゴート語の wunian では、「脅威から護られ、平安のうちに睦まじく、いたわれてあること」であることに注目し、ヘルダーリンの「詩人として人間は地上に住む」という言葉に導かれ、奥深い存在の彼方からの「呼び求める促し」に聴き従うことで、死すべき人間は真の意味で地上に住むことが可能になることに深く思いをいたした。

親鸞が「往生」として追究したことも、根本のところでこの直観とつながっているということができる。親鸞は、人間の根源的欲求を「願生心」に捉え、如来の人間への呼びかけを「欲生心」と捉えて、願生心がその呼びかけを聞くところに成立する「信」（信心の業識）を自己の内面に育むことによって、人間は「無量光明土」に至りうるとした。そこで親鸞が追究したことは、人間にとって住むとはどういうことか、そして、それは如何にして成立するかということであったといいうる。実際のところ、浄土仏教は「住むこと」を人間の根源的欲求として、その欲求が如何にして成就されるかを追究したのである。龍樹はそれを「如来の家」に生まれることと捉え、「如来の家」がどのようにして建てられ、いかにしてそこに生まれるかということについて考察をめぐらしたが、それはまた世親の、そして法然や親鸞の根本の問題でもあったのである。

武内義範先生は、親鸞の『教行信証』の論旨やそれが描かれた筋道についてこれまであまり考えられてこなかったが、それは親鸞が「行巻」の始めに挙げている龍樹の「如来の家」をめぐる引文をもとにして展開されており、したがって、『教行信証』で示されている論旨、書かれている筋道を知るには、「行巻」の始めの「龍樹の釈文」やまた「世親の釈文」を注意深く読むことが必要であるといわれている。龍樹は「如来の家」がどのようにして構成されているかを探求して、それが「般舟三昧」（仏立三昧）と「大悲心」（無生法忍）からなり、そこから如何にして「如来の子」が生まれるかを示しているが、親鸞は龍樹の引文を「行信」の問題として読み替え、「如来の家」が「諸仏咨嗟の願」と「至心信楽の願」、つまり名号と光明からなりたち、その両者から「如来の子」として「信」が生じるとして、「信心の業識によらねば無量光明土に至ることなし」と捉えた。こうして、親鸞の往生思想は根本的には「住むこと」を基礎に打ち建てられているともいいうる。これは私見にすぎないが、親鸞の往生思想をこの角度から追究することで、これまで根拠がはっきりせず、宙に浮いた感のあった「願往生心」をその存在論的基礎に立ち返って問い直すことができ、「欲生心」としての如来の呼びかけが人間にとってどのような意味をもつかを、教義の枠を超えた普遍的な見地から捉え直すことができると思われる。

第二部において「回向」の問題が取り上げられている。回向の問題は親鸞の思想の根幹をなすものであるが、親鸞の回向理解を考察するに先立って、西田幾多郎、曽我量深、鈴木大拙において回向がそれぞれどのように捉えられているかを概観した。それらの諸論の叙述には重複している箇所が散見されるが、文意の繋りを考慮してそのままにしてある。最後の「親鸞の回向の思想」は前著に収められているものと多くの部分で重っているが、回向という概念の全体的見通しを得るための手引きとなると考え、重複を厭わず収めた。

回向はサンスクリットの原語ではパリナーマナであって、大乗仏教の中心を占める概念であるが、長尾雅人師は、回向の語源のパリナーマナには多様な意味と使われ方があることについて論及されている。すなわち、それはもとは自動詞で、変化する、熟する、転ずるという意味であったが、その使役形を介して他動詞としても用いられるようになり、その働きを主格と目的に分節して、功徳を他に振り向けるという意味に用いられるに至った経緯について語られている。つまり、この語には転変・成熟するという意味と向きを変えるという意味があり、サンスクリットの原語ではその両方が使い分けられていたのである。ところが、梶山雄一師が指摘されるところによると、クマラジーヴァ・玄奘・施護はパリナーマナにつねに「回向」の訳語を与えたことで、漢訳仏教の伝統のなかではパリナーマナを「廻向」とすることに定着してしまい、もとにある転変の意味が見えにくくなったところに漢訳の問題性があるとされている（『梶山雄一著作集』第二巻、二三〇―二三三頁参照）。それゆえ回向の概念の本来の意味をつかむためにも、漢訳を出て、その語源に立ち帰って考察する必要があるが、それについての本格的な研究は今後に待たれている。

ここでの問題は、真宗において、回向の主体が阿弥陀如来となり、回向が阿弥陀如来の属性となったとき、従来、他動詞として用いられていた回向概念をそのまま用いることが、果たして適切か否かということである。長尾師は、従来の回向概念のままでよいかそれとも全く新しい概念にとって代えるべきか、その検討は今後の真宗の専門の研究者にゆだねられていると述べられている。曽我が回向を「表現」と捉えたのは、長尾師と同じ問題を看取したからであり、従来の回向概念では親鸞の回向思想の核心部分がつかみえないと考えたからであった。

第三部では曽我の往生論を考察している。その考察は小谷信千代氏の往生論を批判する形をとっているが、氏の往生論を批判することを直接の目的としているのではない。曽我の往生理解は親鸞の往生論を誤解しているとされる氏の主張に対して、曽我は逆に親鸞の往生論の真意を明らかにしたと考え、そのことを明らかにしようとしたことが結果として氏の見解を批判することになったのである。

そこで、曽我の往生論を重視するのは、曽我を絶対視したり権威化するからではない。また、単に敬愛するからでもない。親鸞の思想を究明する曽我の思索に深い生命の把捉と、人の妄を破る光があると感じるからである。

思想の領域における真理性の証拠は、異なった伝統の内にあって、そこに響き合いや共鳴するものが感じられるところにある。曽我の思索にはそれを感じさせるものがある。そのことを証するものとして紹介しておきたいのは、カトリック神父ヤン・ヴァン・ブラフト氏の仕事である。氏は、曽我の著作に触れ、そこに展開されている思索がキリスト教の信を深める力をもつことを感得し、長い年月をかけてその主要な著作を英訳して、五〇〇頁以上にわたる“A SOGA RYOJIN READER”(『曽我量深読本』)を遺稿として残された。氏をしてその努力を払わしめたものは、曽我の語っている文言の裏に人を感動せしめる真理の把捉があることを氏は感知されたからである。ブラフト氏の遺稿の出版に尽力されたジェームズ・ハイジック氏はその序文で、ブラフト氏が曽我の著作を通してかえってキリスト教の教義を深く理解できたと告白したことを述べている。(『同』二頁)

真宗の教えが真理を語っているなら、それは真宗の内部だけではなく、キリスト教にも、そして世界にも通じるもの、響くものでなければならない。そのためには、親鸞の思想の核心をつかみ、それを真宗という狭い枠を超えて、それを明るみにもたらす人がいなければならない。曽我はそのような希有な存在の一人である。近代教学を権威化もしくは、絶対視するものというレッテルを貼り付けて、曽我の教学を否定し去ろうとすることは、同じレッテルのもとで閉鎖的な㭷内に閉じこもることであり、貴重な宝をそれと知らないで放棄するに等しいといわねばならない。そのような弊に陥ることがないよう、「取捨を加うといえども、毀謗を生ずることなかれ」という親鸞の言葉に虚心に思いを致さねばならない。

最後に、本書の出版が方丈堂出版編集長の上別府　茂氏の絶えざる励ましと御配慮によって成ったことを記して、心よりお礼申し上げたい。

平成三十年二月

長谷正當

初出一覧

◇住む場所をもつということ――拡張された往生の概念――（『アンジャリー』三二、親鸞仏教センター、二〇一六年十二月）

◇「住むということ」から見た「詩と宗教」（『日本の哲学』第一八号、日本哲学史フォーラム、二〇一七年十二月）

◇西田幾多郎の見た親鸞――場所的論理と回向の思想――（『点から線へ』Vol.66、西田幾多郎記念哲学館、二〇一七年三月）

◇曽我量深の法蔵菩薩論と親鸞の回向の思想（『曽我教学――法蔵菩薩と宿業――』、水島見一編、方丈堂出版、二〇一六年三月）

◇鈴木大拙の浄土仏教観――本願と回向――（『在家仏教』、在家仏教協会、二〇一五年十月）

◇親鸞の回向の思想――一切群生海の心としての法蔵菩薩――（『教化研究』第一五七号、真宗大谷派教学研究所、二〇一五年六月）

◇曽我は果たして親鸞の往生論を誤解したか（『中外日報』「論」、中外日報社、二〇一七年十一月八日号）

◇現生往生とは何か――曽我の往生論――（書き下ろし）

◇曽我の往生思想――小谷氏の往生論にふれて考える――（大谷大学鸞音忌法要記念講演、二〇一六年十月）

〈著者略歴〉

長谷正當（はせ　しょうとう）
1937（昭和12）年富山県に生まれる。65年京都大学大学院文学研究科博士課程修了（宗教学専攻）。文学博士（京大、88年）。76年京都大学文学部助教授、90年京都大学大学院大学研究科教授、2000年同退官。大谷大学教授（同年）、同特任教授（03年）を経て08年同退職。現在、京都大学名誉教授。
主要な著書は、『象徴と想像力』（創文社、1987年）、『欲望の哲学―浄土教世界の思索―』（法藏館、2003年）、『心に映る無限―空のイマージュ化―』（同、05年）、『浄土とは何か―親鸞の思想と土における超越―』（同、10年）、『本願とは何か―親鸞の捉えた仏教―』（同、15年）ほか多数。

親鸞《しんらん》の往生《おうじょう》と回向《えこう》の思想《しそう》
―道としての往生と表現としての回向―

二〇一八年六月二五日　初版第一刷発行

著　者　長谷正當
発行者　光本　稔
発　行　株式会社　方丈堂出版
京都市伏見区日野不動講町三八―二五
郵便番号　六〇一―一四二二
電話　〇七五―五七二―七五〇八
発　売　株式会社　オクターブ
京都市左京区一乗寺松原町三一―二
郵便番号　六〇六―八一五六
電話　〇七五―七〇八―七一六八

印刷・製本　亜細亜印刷株式会社

ISBN978-4-89231-176-5